maman

la plus grande histoire d'amour

Direction artistique: Christine Hébert et Maude Chauvin
Design graphique et mise en page: Christine Hébert
Infographie: Chantal Landry
Révision: Charlotte de Celles
Correction: Brigitte Lépine
Maquillage et coiffure: Amélie Bruneau Longpré
Styliste: Pia Roy

Lynda Thalie est habillée par Bedo.

Suivez-nous sur le Web
Consultez nos sites Internet et inscrivez-vous à l'infolettre pour rester informé en tout temps de nos publications et de nos concours en ligne. Et croisez aussi vos auteurs préférés et notre équipe sur nos blogues!

EDITIONS-HOMME.COM
EDITIONS-JOUR.COM
EDITIONS-PETITHOMME.COM
EDITIONS-LAGRIFFE.COM

04-12

Dépôt légal: 2012
Bibliothèque et Archives nationales du Québec
ISBN 978-2-7619-3058-1

DISTRIBUTEURS EXCLUSIFS:
Pour le Canada et les États-Unis:
MESSAGERIES ADP*
2315, rue de la Province
Longueuil, Québec J4G 1G4
Téléphone : 450-640-1237
Télécopieur: 450-674-6237
Internet: www.messageries-adp.com
* filiale du Groupe Sogides inc.,
filiale de Quebecor Media inc.
Pour la France et les autres pays:
INTERFORUM editis
Immeuble Paryseine, 3, allée de la Seine
94854 Ivry CEDEX
Téléphone : 33 (0) 1 49 59 11 56/91
Télécopieur: 33 (0) 1 49 59 11 33
Service commandes France Métropolitaine
Téléphone : 33 (0) 2 38 32 71 00
Télécopieur: 33 (0) 2 38 32 71 28
Internet: www.interforum.fr
Service commandes Export – DOM-TOM
Télécopieur: 33 (0) 2 38 32 78 86
Internet: www.interforum.fr
Courriel: cdes-export@interforum.fr
Pour la Suisse:
INTERFORUM editis SUISSE
Case postale 69 – CH 1701 Fribourg – Suisse
Téléphone : 41 (0) 26 460 80 60
Télécopieur: 41 (0) 26 460 80 68
Internet: www.interforumsuisse.ch
Courriel: office@interforumsuisse.ch
Distributeur: OLF S.A.
ZI. 3, Corminboeuf
Case postale 1061 – CH 1701 Fribourg – Suisse
Commandes:
Téléphone : 41 (0) 26 467 53 33
Télécopieur: 41 (0) 26 467 54 66
Internet: www.olf.ch
Courriel: information@olf.ch
Pour la Belgique et le Luxembourg:
INTERFORUM BENELUX S.A.
Fond Jean-Pâques, 6
B-1348 Louvain-La-Neuve
Téléphone : 32 (0) 10 42 03 20
Télécopieur : 32 (0) 10 41 20 24
Internet: www.interforum.be
Courriel: info@interforum.be

Gouvernement du Québec – Programme de crédit d'impôt pour l'édition de livres – Gestion SODEC – www.sodec.gouv.qc.ca

L'Éditeur bénéficie du soutien de la Société de développement des entreprises culturelles du Québec pour son programme d'édition.

Conseil des Arts du Canada Canada Council for the Arts

Nous remercions le Conseil des Arts du Canada de l'aide accordée à notre programme de publication.

Nous reconnaissons l'aide financière du gouvernement du Canada par l'entremise du Fonds du livre du Canada pour nos activités d'édition.

textes **Karine Robert** photos **Maude Chauvin**

maman

la plus grande histoire d'amour

LES EDITIONS DE L'HOMME
Une compagnie de Quebecor Media

À ma fille Olivia et à celui qui est en route.

À mes parents, qui m'ont appris à aller au bout des choses, à foncer.

À toutes les mamans, qui donnent le meilleur d'elles-mêmes.

Aux femmes qui rêvent d'un enfant et que la nature en a décidé autrement. C'est une injustice profonde de la vie.

Karine

À ma mère.

Une mère qui a réussi à nous faire voir la lumière dans les moments d'obscurité.

Une mère qui nous a toujours placées, ma sœur et moi, au premier plan de sa vie, nous permettant de croire que tout était possible.

Une mère qui nous a fait sentir aimées et qui nous a donné confiance en nous.

Si j'arrive à accomplir avec mes enfants la moitié de ce qu'elle a fait pour nous, j'aurai pleinement réussi dans mon rôle de mère.

Ma chère maman, je t'aime et je t'admire.

Maude

Les **premiers** pas

Karine Robert – Pendant ma grossesse, j'ai lu beaucoup de livres pour me préparer à la naissance de ma belle Olivia. Pour la plupart techniques, ils fournissaient toute l'information nécessaire pour prendre soin de mon enfant. La surprise qui m'attendait de l'autre côté de ma «bedaine» était tout autre cependant…

Jamais je ne me serais imaginé ressentir un tel amour inconditionnel. J'ai rapidement compris qu'un bonheur aussi intense s'accompagne d'une certaine «gestion». Sans pour autant entreprendre une grande étude sociologique sur le sujet, j'ai commencé à questionner mon entourage. Les visages s'illuminaient, on m'avouait la joie d'être parent et on me confirmait la force de cet amour. Alors pourquoi tous les commentaires face à mon nouveau rôle ressemblaient-ils plutôt à: «Fais le plein de sommeil», «Profite de la vie, car une fois parent, tu n'en auras plus», «C'est ben *l'fun,* mais c'est de la job!» On nous prépare au pire, mais en évitant de vouloir nous créer trop d'attentes, on oublie de nous parler du grand bonheur d'être maman.

Personnellement, la maternité a transformé fondamentalement la femme que je suis. Dès la grossesse, je me suis sentie habitée du désir profond d'être à la hauteur d'une vie qui dépendait de moi. J'ai également compris toute la portée du rôle de mère. Au-delà de la maman, je devais retrouver un rythme professionnel, être l'amoureuse et l'amie, et trouver du temps pour moi. Mon admiration pour toutes les mamans est née de cette recherche d'équilibre. Ce livre se veut donc un hommage à toutes ces femmes.

Les multiples facettes de l'expérience me fascinent: il existe autant de façons de vivre la maternité qu'il y a de femmes sur Terre. J'avais envie d'entendre l'histoire de celles qui, jour après jour, tentent de donner le meilleur d'elles-mêmes par pur amour. Le choix des treize personnalités rencontrées pour cet ouvrage s'est fait naturellement, en dressant simplement la liste des femmes que j'admire, en raison de leur parcours ou de leur philosophie de vie, ou de celles dont je souhaitais faire la connaissance. Vous découvrirez leurs histoires à travers les principales étapes de la maternité: le désir d'enfant, la grossesse, l'accouchement, la première rencontre avec bébé, la conciliation travail-famille, la place du papa, l'éducation, le départ de la maison et les transformations qu'apportent la maternité.

Au-delà des mots, vous serez également les témoins de la richesse des relations mère-enfant grâce aux magnifiques clichés de Maude Chauvin, une photographe de grand talent qui possède cette rare qualité de pouvoir capter la vérité.

Maude Chauvin – Un livre sur la maternité représentait un grand défi photographique pour moi. Comment rendre toute la beauté du sujet sans pour autant le rendre banal ?

J'ai décidé d'éviter la mise en scène et d'agir simplement comme spectatrice. L'idéal était de faire les séances photo chez les personnalités, car je pouvais ainsi m'introduire dans leur quotidien. Le défi était qu'elles réussissent à m'oublier et de leur permettre d'être elles-mêmes avec leurs enfants. J'espérais parvenir à capter l'amour inconditionnel et l'immense complicité qu'une mère peut avoir avec son enfant. Je souhaitais aussi célébrer les petits détails du quotidien et ainsi créer des images remplies de poésie.

Le désir d'enfant

Un peu comme les insectes qui dépassent le stade de la chrysalide, qui se transforment.
J'étais rendue là ; j'étais devenue plus grande que ma carapace ; je devais être autre chose.

Geneviève Guérard

Quand je serai grande,
je serai maman !

Cette affirmation fut ma première certitude. J'aime profondément les enfants depuis toujours. À l'adolescence, mon passe-temps préféré était de garder tous les enfants du quartier. Sans savoir d'où provenait cet instinct, je savais comment m'y prendre avec eux, mais avant tout, j'étais bien en leur compagnie. Pour moi, c'était évident : j'étais une maman en devenir.

J'ai toujours été habitée par ce désir d'enfant, mais je ne le trouvais pas suffisant pour justifier sa concrétisation. La route menant à la maternité devait être pavée de circonstances gagnantes. Je fais en effet partie de cette génération qui attendait le bon emploi, la meilleure situation financière, mais surtout la relation amoureuse portant le souhait commun d'ajouter des bourgeons à son arbre généalogique.

Je rêvais d'un amoureux avec un désir d'enfant encore plus grand que le mien. Je doutais fortement que cela existât et fort heureusement, je me suis trompée. C'est en effet la rencontre de l'homme, le vrai, qui a réellement ranimé ce désir mis en veilleuse qui perdait de l'intensité depuis quelques années. Au début de la trentaine, avec deux ans de célibat au compteur, j'avais amorcé le deuil de la maternité. Je ne voulais pas que mon désir prenne le dessus sur la raison et me retrouver à la « chasse au géniteur ». Mon amour des enfants était plus grand que le simple accomplissement de ma maternité. Je ne fais pas partie de ces femmes qui souhaitent un enfant à tout prix.

Après une année de vie commune, mon amoureux était prêt à devenir papa. C'était du sérieux. L'appel de son horloge biologique était plus fort que le mien. Je ne sais pas si c'est pour calmer ses ardeurs ou pour me rassurer, mais j'ai senti le besoin de lui poser la question « Pourquoi veux-tu avoir des enfants ? » Nous étions sur une terrasse côté soleil et je me souviens de sa réaction : il était à la fois enthousiaste de vouloir répondre, mais également conscient

de la portée de sa réponse. Il m'a regardée et m'a dit: «Je prends le temps de réfléchir et je t'en redonne des nouvelles.» Je sentais déjà qu'il prenait son rôle de père au sérieux! Lorsque je lui ai posé la question, toutefois, je cherchais moi-même mes propres réponses. C'est incroyable de constater à quel point on porte ce sentiment très fort en soi, sans en connaître les motivations profondes. Au-delà de l'amour pour les enfants et de vouloir former une famille, je voulais m'assurer que je ne tentais pas de combler un vide, de réparer des blessures, d'emprunter un chemin par obligation ou simplement d'éviter de finir mes jours seule.

J'étais rassurée de constater que nos motivations étaient les mêmes et j'ai accueilli son plaidoyer comme une véritable déclaration d'amour. «J'ai toujours voulu des enfants et c'est encore plus net depuis que je suis amoureux de toi. J'ai assez fait le tour de mon nombril et je suis fin prêt à donner sans compter. Je suis aussi prêt à répondre à ses milliers de questions, à le consoler de sa première chute à vélo ou de sa première peine d'amour et à l'aimer inconditionnellement. J'aimerais te dire que ça fait partie d'un geste altruiste, mais je suis conscient que le fait d'avoir un enfant, ça demeure en partie égoïste. Je sais aussi que ça m'apportera beaucoup et que j'ai envie de goûter au privilège de redécouvrir la vie à travers ses yeux. Mes raisons sont-elles les bonnes? Je ne sais pas! Mais ce sont les miennes et elles sont sincères.»

Quelles sont les bonnes (ou les mauvaises) raisons pour avoir un enfant ? Je ne les connais pas. Elles sont propres à chacun. Interpréter son désir d'enfant n'est pas une simple affaire. J'ai constaté, au fil de mes entretiens, que ce désir était pour certaines une certitude qui les habitait depuis toujours et pour d'autres, un appel qui n'est arrivé qu'avec la quarantaine. Ce sentiment très fort s'explique difficilement ; il fait partie de notre inconscient. Pour Annie Brocoli, il relève de l'instinct animal et pour Geneviève Guérard, il est né d'une histoire d'amour.

* * *

– Une chose est sûre, il ne faut jamais sous-estimer la détermination d'une femme à l'égard de sa maternité. Lynda Thalie en est le parfait exemple. Un désir d'enfant aussi puissant que le sien, ça ébranle des croyances. On aimerait tous posséder un don comme celui-là ! –

Un c'est bien,
mais deux c'est mieux !

Lynda Thalie – Mon désir est clair depuis que j'ai conscience qu'une femme enfante. Je suis née pour être maman. J'ai donc toujours vécu dans cette perspective-là. Comme bien des femmes, j'attendais le bon moment. Lors d'une consultation avec une voyante, on m'a dit : « L'enfant que tu souhaites est près de toi ; c'est le moment. » Le signal pour passer à l'action venait de se faire entendre. Idéalement, je rêvais d'avoir trois enfants, mais étant donné que mon chum était déjà papa, il avait accepté d'avoir un autre enfant, mais m'avait affirmé qu'après la famille serait complète.

Mon souhait d'avoir plusieurs enfants était tellement fort que j'espérais avoir des jumeaux. Bien entendu, c'était un désir secret et je ne voulais surtout pas affoler Patrick. J'ai prié, matin, midi et soir pour que cela se réalise. J'en rêvais même la nuit. Il s'agissait clairement d'une fille et d'un garçon. Lorsque j'ai eu le test de grossesse positif entre les mains, j'étais convaincue qu'il y en avait deux.

Le jour de mon rendez-vous chez le médecin, j'étais vraiment impatiente d'écouter le cœur du bébé. Le médecin nous a fait entendre les battements et je me suis empressée de lui demander : « Vous n'entendez qu'un seul cœur ? » Ce à quoi il m'a répondu « Oui ». Patrick m'a regardée comme si j'étais une extraterrestre. Visiblement déçue, j'ai insisté : « Y a-t-il une possibilité qu'on entende un autre cœur ? »

Mon amoureux ne comprenait toujours rien à ce qui se passait. Le docteur m'a alors dit qu'à ce stade-ci, il fallait une échographie pour déceler les grossesses multiples.

Dès les premières minutes de l'échographie, l'infirmière m'a posé la question: «C'est une grossesse naturelle ou *in vitro*?» «Naturelle, pourquoi?» Elle a poursuivi son observation en silence et m'a demandé: «Y a-t-il des antécédents de jumeaux dans la famille?» Nous avons répondu «Non» à l'unisson et elle a enchaîné avec: «C'est parce qu'il y en a deux, félicitations!» Patrick était bouche bée. Il a soudainement eu besoin de s'asseoir pour encaisser la nouvelle. Moi, au contraire j'ai pleuré de joie. Mon chum s'est tourné vers moi et m'a dit: «Tu m'as eu! Tu m'as eu espèce de sorcière!» On a ri tous les deux. J'ai toujours été la «sorcière» de mon chum et cette journée-là, ça c'est encore confirmé.

***

– La «mise en veille» de l'horloge biologique fait partie des nouvelles tendances observées. Les femmes sont conscientes de leur désir d'enfant, mais décident de remettre à plus tard le dossier de fonder une famille. Je fais partie de cette génération souhaitant des enfants, mais plus tard. Je voulais me consacrer à mon travail, être libre et voyager. Chantal Lamarre a été inspirée par une phrase qui résume très bien cette réalité. –

Vivre
le parfait hédonisme

Chantal Lamarre – «On fait finalement des enfants quand on a un petit peu l'impression d'avoir fait autre chose.» Cette phrase m'est toujours restée à l'esprit. J'ai toujours voulu des enfants. Si j'avais eu à choisir un autre métier que celui que je pratique, je travaillerais certainement avec eux. Ils font partie de mon essence. Lorsque j'étais étudiante en théâtre, je partais toute seule avec mon décor et j'allais faire des spectacles pour les enfants partout dans la province. Je ne m'accorde pas beaucoup de talents, mais je sais que celui-là, je l'ai.

Au début de la trentaine, je sentais que j'avais encore trop de choses à explorer. Je savais également que lorsque j'allais prendre la décision de devenir maman, il était fort probable que je doive tout arrêter pour m'occuper de mes enfants. Alors, j'ai pris le temps de vivre le parfait hédonisme – de faire ce que je voulais quand je le voulais –, j'ai beaucoup voyagé et je suis partie en tournée. À trente-cinq ans, j'étais prête et mon chum aussi. Je ne veux pas envoyer le mauvais signal et dire aux femmes d'attendre avant d'avoir des enfants. On ne conçoit pas aussi facilement après cet âge-là. J'ai vécu beaucoup de déceptions, des fausses couches et de l'abattement avant d'y parvenir. C'est difficile de se faire à l'idée que ton corps ne veut tout simplement pas la même chose que toi. Devant les échecs, ton désir gagne en intensité et tu te sens impuissante.

Ce n'est pas toi qui mènes, c'est ton corps. Ma gynécologue-obstétricienne m'a souvent fait état des nombreuses femmes qui sortent de son bureau en pleurant. Je suis consciente de la chance que j'ai d'avoir réussi à avoir des enfants.

***

– Le désir d'enfant n'est pas universel. La preuve, plusieurs femmes font le choix de ne pas en avoir. Il arrive également que l'appel de la maternité se manifeste plutôt au tournant de la quarantaine ; c'est ce qui est arrivé à Pascale Montpetit. Quant à Sophie Durocher, sa fibre maternelle semblait bien cachée au fond d'elle. –

À la découverte
d'une nouvelle planète

Sophie Durocher – J'ai déjà douté de ma fibre maternelle. En dehors de mes neveux et nièces, je ne me sentais pas très à l'aise avec les enfants. Je ne fais pas partie de ces femmes en extase devant un bébé. Par contre, lorsque j'allais voir le nouveau-né de ma sœur ou de ma belle-sœur, je me mettais à pleurer. Je ne souhaitais pas avoir d'enfant, mais en même temps, je sentais bien que ça venait chercher quelque chose très profondément en moi. Peut-être que je cherchais à me mentir. Il y a également des circonstances de vie qui m'ont toujours gardée sur ce chemin. J'ai passé dix ans avec un

gars qui ne pouvait pas avoir d'enfant, cinq ans avec un homme qui n'en voulait pas et finalement j'ai rencontré Richard, déjà papa de deux beaux enfants.

C'est une conversation avec Julie Snyder qui a ébranlé mes convictions. C'était la première fois que quelqu'un s'éloignait du discours culpabilisant pour faire état du bonheur immense d'avoir des enfants (qui ne se compare à rien selon Julie). J'avais l'impression de passer à côté de quelque chose d'important. On a également discuté d'une connaissance commune qui regrettait de ne pas avoir eu d'enfants. Cet échange a vraiment suscité une réflexion en moi et j'en suis venue à la conclusion qu'il y avait plus de chances que je regrette de ne pas avoir eu un enfant que le contraire. Tout cela a commencé à faire son chemin en moi et, sans pouvoir expliquer ce qui s'était passé, j'ai alors été habitée par le désir d'avoir un enfant.

Il était clair que je ne voulais pas d'enfant lorsque l'appel de la maternité s'est fait entendre, mais maintenant je ne pensais qu'à cela. J'ai tellement pleuré pendant les trois mois où j'essayais d'avoir un test de grossesse positif. Richard me regardait, l'air de ne rien comprendre: «Il y a à peine trois mois, tu ne voulais pas d'enfant!» J'essayais de trouver une explication. Maintenant que j'en voulais, ce désir était d'une telle intensité qu'il était hors de question que ça ne fonctionne pas. Je voyais des femmes enceintes dans la rue et je me mettais à pleurer. À quarante-deux ans, j'avais l'impression d'entrer en contact avec une partie de moi dont j'ignorais totalement l'existence. Comme si je mettais les pieds sur une nouvelle planète, celle de la maternité.

Écrire
sa propre histoire

Pascale Montpetit – Je n'ai pas toujours voulu un enfant. À quatorze ans, je me suis fait une promesse : je voulais devenir une artiste. J'avais été inspirée par le discours de Marie-Claire Blais, sortie de son quartier d'ouvriers grâce à la littérature. Elle voulait maintenant vivre comme une artiste. Je ne sais pas si c'est l'idée qui me semblait romantique, mais c'était exactement ce que je voulais faire. Au début de la vingtaine, j'étais persuadée qu'il était impossible d'être comédienne et maman à la fois. Ensuite, il y a eu les circonstances de la vie. J'ai fréquenté un homme qui ne voulait pas avoir d'enfant.

Mon désir d'enfant est né d'une remise en question au tournant de la quarantaine. En plus de m'interroger sur ce que je voulais laisser comme héritage, j'avais l'impression de tourner en rond dans ma vie personnelle. J'ai de la difficulté à mettre le doigt sur ce qui a fait naître précisément ce besoin d'avoir un enfant. Je sais cependant que ce désir était assez puissant pour me pousser à vouloir adopter, malgré mon statut de célibataire. Je savais qu'il était possible de le faire en Haïti. Lorsque j'ai commencé à remplir les papiers, j'ai rapidement compris l'ampleur de cette « grossesse administrative ». Le poids de cette démarche pesait trop lourd pour une seule personne. J'ai donc mis de côté le projet dans l'espoir de pouvoir honorer cette volonté plus tard. À quarante-cinq ans, j'ai fait la rencontre de Mathieu. Célibataire,

sans enfant et auteur de livres pour enfants. Mathieu est fantaisiste et il aime écrire de belles histoires. Un beau jour il m'a dit: « Il ne manque qu'une seule chose à notre belle histoire d'amour et c'est un enfant. » C'était le début d'un autre chapitre.

* * *

– Le projet d'avoir un enfant naît souvent d'une histoire d'amour. C'est alors que les priorités d'une vie changent. C'est le moment de faire place à son désir pour qu'il puisse devenir réalité. Pour Geneviève Guérard, cela sous-entendait mettre fin à une carrière de ballerine. –

Ma carapace
était devenue trop petite

Geneviève Guérard – Mon désir d'avoir un enfant était vraiment fort: j'avais envie de passer à autre chose dans ma vie et ce moment a coïncidé avec le fait d'arrêter de danser. Un peu comme les insectes qui dépassent le stade de la chrysalide, qui se transforment. J'étais rendue là; j'étais devenue plus grande que ma carapace; je devais être autre chose. Avoir un enfant est devenu un rêve vraiment intense à 28 ans. Avant, j'étais axée sur ma carrière de ballerine. C'est la rencontre de l'homme idéal qui a fait naître en moi le désir d'avoir un enfant.

Il y a parfois de drôles de circonstances. Au moment où j'ai pris cette décision, j'ai appris que Les Grands Ballets avaient fait l'acquisition du ballet *Roméo et Juliette*. L'ultime rêve d'une danseuse! Pourquoi la vie me présentait-elle cela maintenant? C'était comme si elle cherchait à mettre à l'épreuve mon projet d'enfant. Ma mère m'a alors dit: « Tu sais, ça peut prendre du temps avant de devenir enceinte. Alors, si tu n'es pas enceinte, tu feras Juliette et si tu deviens enceinte tu feras une Juliette. »

La vie a choisi ma belle Juliette, la merveille de ma vie.

L'appel du printemps

Annie Brocoli – Je suis sur Terre pour avoir des enfants. C'est du moins le sentiment qui m'a toujours habitée. Il a toujours été tellement fort que j'aurais eu l'impression de passer à côté de quelque chose d'essentiel si je n'en avais pas eu.

J'avais vingt-trois ans à ma première grossesse et pour moi, j'étais en retard. J'étais prête à réaliser le rêve de ma vie depuis l'âge de dix-huit ans. D'ailleurs, chaque printemps, mon désir d'avoir des bébés est toujours au rendez-vous. Ça vient chercher quelque chose d'animal en moi. Si j'avais cédé à tous ses élans, je serais la mère d'une ribambelle d'enfants!

***

– J'ai examiné toutes les facettes possibles pouvant expliquer ce désir si fort et je n'ai trouvé aucune réponse – scientifique ou romantique – à vous livrer. C'est simplement mon amour des enfants qui l'explique. Il y a également ce besoin de se sentir utile, un peu comme si cela faisait partie de ma génétique. Mon instinct maternel voulait une vraie mission. Je l'ai trouvée! –

La grossesse

Je possédais quelque chose que les autres n'avaient pas : je portais la vie !

Laurence Jalbert

La bête et la belle

J'ai l'impression d'avoir vécu ma grossesse en deux temps. Il y a eu l'éprouvant premier cycle, puis il y a eu l'état de grâce (que plusieurs paieraient cher pour vivre). J'ai connu les deux extrêmes.

Les premières vapeurs hormonales ont eu un effet considérable sur moi. J'étais constamment au lit, fatiguée, avec un système immunitaire qui collectionnait les infections. J'étais animée d'une impatience hors du commun, sans compter que je devais constamment me déplacer avec un sac en plastique, car la nausée me réservait sans cesse des surprises. Je ne pouvais plus supporter certaines odeurs. Mon chum a dû changer de savon, de désodorisant et de parfum. Pauvre lui ; en plus, il avait droit en retour à mon teint gris, mes cheveux gras et, histoire d'ajouter un peu de couleur sur mon visage, quelques boutons qui ne manquaient pas de se succéder, les uns après les autres.

Honnêtement, je suis quelques fois « sortie de mon corps » pour dresser le portrait de la situation et ce n'était pas beau à voir. La petite boule d'amour que j'avais au creux de mon ventre avait pris possession de mon corps et je ne m'appartenais plus. Vers la dixième semaine de grossesse, épuisée par la situation, j'avais le net sentiment de ne pas être le bon nid pour mon bébé.

Par une belle journée ensoleillée où je tentais de lutter une fois de plus contre mon état, j'ai eu l'idée d'accompagner mon amoureux à l'épicerie. Renouer avec la civilisation ne pouvait certainement pas me faire de mal ! J'avoue aussi que j'avais envie de donner un peu d'espoir à mon chum qui me voyait depuis plusieurs semaines vêtue de « mou », bien incrustée dans le sofa. Dès mon arrivée à l'épicerie, j'ai tout de suite su que je n'avais pas misé sur la bonne stratégie. J'avais de la difficulté à me déplacer d'une allée à l'autre, avec la nette impression de porter le double de mon poids tant la fatigue semblait me tirer vers le sol. C'est alors qu'en tournant le coin de l'allée des surgelés, j'ai aperçu une maman et ses deux enfants. Le premier courait partout tandis que le second hurlait en faisant la danse du bacon. La maman tentait de reprendre le contrôle, mais ses enfants se moquaient complètement d'elle. Elle était manifestement dépassée par les événements. J'avais évidemment déjà assisté à une scène comme celle-là, mais là, sans comprendre pourquoi, je l'ai perçue comme une vraie fin du monde. Incapable de faire un pas de plus, je me suis tournée vers mon chum et je me suis mise à pleurer: «Ça y est, je n'en veux plus!» Marc, encore concentré sur la liste d'épicerie m'a regardé en disant: «Qu'est-ce que tu ne veux plus?» J'ai montré du doigt les enfants. Il a alors constaté que mon bouton panique était bien enfoncé. «J'pense que je ne serai pas capable.» Calmement, il m'a dit: «Tu seras une bonne mère; sinon, je vais m'en occuper, moi, des enfants.» Sans trop comprendre pourquoi, sa réponse m'a calmée. J'ai compris que les hormones me faisaient divaguer, mais aussi, et surtout, que je pouvais compter sur lui. Alors, je suis retournée à la maison mettre mon «kit de mou» et j'ai attendu sagement. Deux semaines plus tard, je gagnais en énergie et en humeur. Mon corps venait de traverser le premier trimestre.

Le reste de la grossesse a été un pur bonheur. Jamais je ne me suis sentie aussi belle, aussi femme. J'anticipais chaque échographie comme un enfant qui attend d'ouvrir ses cadeaux de Noël. J'adorais regarder mon ventre prendre de l'expansion et sentir les petits coups de pied de ma fille. J'étais à la fois habitée par une force intérieure et un grand calme. Je me sentais profondément heureuse. C'est certainement pour cette raison qu'on trouve les femmes enceintes aussi belles…

– Il n'y a pas seulement la «bedaine» qui fait partie des transformations de la grossesse. Cette période où l'on berce une vie au fond de soi nous pousse à porter un regard différent sur ce qui nous entoure.

Il y a en outre le test de grossesse qui surprend celle qui ne voyait pas venir : Mélissa Désormeaux-Poulin a été bien heureuse des quarante semaines qu'elle avait devant elle pour apprivoiser cette nouvelle réalité ! Laurence Jalbert parle aussi de cette force qui résume tellement bien ce qui habite bon nombre de femmes durant la grossesse. –

Les deux plus beaux accidents de ma vie

Laurence Jalbert – Aucune de mes grossesses n'a été planifiée. Et je n'étais pas sur le point de le faire non plus puisque je ne connaissais le père que depuis quelques mois. C'était à l'époque où je travaillais dans les bars avec un salaire de crève-faim et j'habitais dans un taudis. Malgré ça, je marchais six pieds au-dessus de tout le monde. Je possédais quelque chose que les autres n'avaient pas : je portais la vie !

Vivement

quarante semaines

Mélissa Désormeaux-Poulin – Toute la journée, mon amie me suivait avec le test de grossesse et me rappelait: «Tu es vraiment enceinte» et je lui répétais: «Arrête, je le sais!» J'étais incapable de me faire à l'idée. Je ressentais un mélange de panique, de vertige et d'excitation. Même si j'avais 24 ans et que j'étais en couple depuis neuf ans, avoir un enfant à ce moment-là ne figurait pas vraiment parmi nos projets. C'est une fois que j'ai pu partager la nouvelle avec mon chum, qui était à l'extérieur du pays pour quelques jours, que j'ai pu commencer à me réjouir.

J'ai foncé dans l'expérience de la grossesse en ne faisant aucun changement. Pour moi, c'était important d'avoir la même vie. Je m'entraînais cinq fois par semaine et mon train de vie est demeuré le même. De cette façon, je gardais le contrôle sur ce qui m'arrivait. Avec tous les changements que mon corps subissait, j'avais l'impression de ne plus m'appartenir; comme si quelqu'un avait pris possession de mon corps. Je me sentais incapable de m'abandonner à cette nouvelle réalité.

Pour ajouter à la charge émotive, j'étais déçue par ma réaction. Je me trouvais superficielle de ne pas être capable de faire preuve de générosité en laissant toute la place au bébé. Pourquoi? C'était plus fort que moi, j'avais besoin de rester dans l'action.

À six mois de grossesse, mon corps a exigé le respect. Résultat: maux de cœur, fatigue et col de l'utérus dilaté. Si je voulais garder le bébé, je devais rester au lit. J'ai eu beaucoup de soutien de mon amoureux, de mes amies et de ma famille. Mais ce qui a été salutaire, c'est lorsque je me suis retrouvée seule avec ma «bedaine». C'est à ce moment que j'ai commencé à me projeter dans l'avenir. Je me suis mise à me poser des questions sur le genre de maman que je voulais devenir, à penser à l'allaitement et aux activités que je voulais faire avec elle. Car oui, c'était une fille! Dès que j'ai su le sexe du bébé, c'est devenu encore plus réel pour moi et je me suis mise à lui parler. J'ai appris à lâcher prise, tranquillement. Ça m'a fait le plus grand bien. Mon sentiment est devenu beaucoup plus doux à l'égard de la femme que j'étais en voie de devenir. Mon énergie était désormais tournée vers ma fille et je n'avais qu'un seul désir: lui voir la «binette»!

Léa a maintenant cinq ans et me réclame: «Maman, je veux un petit frère pour demain.» C'est mon désir le plus profond d'avoir un deuxième enfant.

***

– Porter un enfant et en adopter un ne sont pas des réalités si éloignées l'une de l'autre. Le désir est le même: devenir parent. Toutefois, le temps de gestation diffère parfois de quelques années. Mais ce temps d'attente permet de rêver à l'enfant. Pour Pascale Montpetit, cette étape est importante. Le temps de préparer la chambre, de trouver un nom à l'enfant, de le désirer profondément... –

Une grossesse d'éléphant

Pascale Montpetit – Nous avons choisi d'adopter au Vietnam. En Haïti, tu reçois la photo de l'enfant très tôt. Tandis qu'au Vietnam, c'est seulement quelques semaines avant ton départ. Cette façon nous convenait davantage. J'aurais été trop inquiète sur ses conditions de vie sinon. Il n'est pas encore là, mais c'est déjà ton enfant quelque part.

Être dans l'attente d'une proposition lorsque tu sais qu'elle peut arriver d'un jour à l'autre, c'est épouvantable! J'imagine que c'est comme des contractions. J'appelais l'agence toutes les cinq minutes: Avez-vous des nouvelles?» Dorinda savait qu'elle pouvait nous appeler jour et nuit. C'est elle qui nous annonçait les bonnes et les mauvaises nouvelles. Au fil du temps, on a développé des liens avec cette femme. C'est une vraie Mère Teresa pour nous.

Cinq février, 7 h 50. Je suis déjà en tournage. Mathieu, mon amoureux, décroche le téléphone. Ça y est! Il réussit à me joindre sur le plateau. Lorsqu'on me tend le téléphone, déjà l'émotion monte, j'ai un pressentiment. Mathieu m'annonce la bonne nouvelle et je suis incapable de rester debout sur mes deux jambes. Couchée par terre, je tape des pieds sur le plancher, complètement survoltée. Tout ce que je veux, c'est rentrer à la maison et voir son petit minois. Une photo grand format trône dans mon bureau et sur le frigo. Ma fille est déjà partout dans la maison, une délicate attention signée Mathieu.

La photo est accompagnée de son nom en vietnamien et des circonstances de son abandon. Pour notre fille, c'était un 15 décembre au beau milieu de la nuit. Le gardien de l'orphelinat effectuait son tour de garde et a entendu des pleurs. En ouvrant la porte, il a découvert un enfant enroulé dans une serviette de plage bleue qui prenait place dans un panier. Aucune note n'accompagnait l'enfant. Le gardien l'a donc remis aux bons soins de la nounou et c'est elle qui lui a donné son nom. Généralement, les Vietnamiens choisissent le nom en fonction des circonstances. Cette femme native du nord du Vietnam s'ennuyait de l'hiver. C'est pour cette raison qu'elle lui a donné le nom «minuscule petite chose d'hiver». Pour nous, c'est Clara.

Dès cet instant, je suis incapable de penser à autre chose. Je me sens comme si j'étais enceinte et complètement exaltée. Je compte les dodos avant notre départ et j'en parle constamment. C'est éprouvant pour mon entourage. Je porte ce rêve depuis maintenant trois ans, il est grand temps que j'accouche!

***

– Ainsi, que la grossesse dure trois ans, comme celle de Pascale Montpetit, ou quarante semaines, chacune s'accompagne d'une histoire qui lui est propre: pour Dominique Bertrand, elle a été un défi de tous les jours bercé au rythme du petit cœur battant dans son ventre; pour Isabelle Racicot, la grossesse l'a rendue belle. –

S'accrocher

Dominique Bertrand – J'ai réussi à me rendre à trente-neuf semaines de grossesse. Dans mon cas, ça relève du miracle. J'ai failli accoucher je ne sais combien de fois, et je ne compte plus le nombre d'hospitalisations. Ma grossesse a été précaire dès les premiers mois. C'est un accident d'auto qui a fragilisé la vie que je berçais en moi. J'ai été clouée au lit plusieurs semaines. Je n'avais qu'à faire le tour du pâté de maisons à pied pour perdre le bébé. Au même moment, le père m'annonçait qu'il me quittait. Ça m'a fait l'effet d'une claque en plein visage. J'ai à peine pleuré son départ. J'avais bien d'autres préoccupations!

Malgré l'absence du père, jamais je n'ai songé à me faire avorter (ni à faire le tour du pâté de maisons). Je voulais le bébé encore plus. Mon avenir était maintenant dans la maternité. En allant jusqu'au bout, je donnais un sens à ma vie et à celui d'un enfant. J'avais peur de tout dans la vie, particulièrement d'accoucher et de ne pas être à la hauteur d'un futur rôle de mère. Mais à ce moment, c'est devenu un défi. Je me suis dit: «Je serai à la hauteur, pis on va l'avoir.» Je parlais à ma fille dans mon ventre: «Tu vas voir, tu seras fière de ta maman.»

Si on m'avait imposé de dormir comme un fakir sur un lit de clous pour la garder, je l'aurais fait. Je la voulais vraiment et à ce point.

J'aime porter la vie

Isabelle Racicot – J'ai toujours été complexée par mon corps et pour la première fois, je me trouvais belle. J'exhibais mes rondeurs avec fierté, j'aimais montrer ma «bedaine» et me faire un *look* en fonction d'elle. D'ailleurs, je n'ai jamais porté autant de robes que durant ma grossesse. J'ai également senti que le regard que me portaient les autres avait changé. J'ai dû prendre l'avion souvent durant ma grossesse et les agents étaient véritablement aux petits soins avec moi. Les vedettes que je rencontrais dans le cadre de mon travail étaient à tous coups sympathiques devant ma bedaine. J'étais vraiment touchée par le magnétisme que provoquait la grossesse. Même René Angélil s'est assuré que je ne manque de rien: j'étais à Las Vegas pour la première du spectacle de Céline, et René me demandait souvent si j'avais faim ou si j'étais fatiguée. La considération à l'égard de la maternité est tellement belle et grande. Cette attention fait du bien! Mais elle disparaît avec l'arrivée du bébé: à chacun son tour!

***

– Je me rappelle encore la rencontre entre ma «bedaine» et Anick. J'étais sur le plateau de tournage de *La Promesse* pour accompagner mon amoureux. Anick m'a alors demandé la permission de toucher mon «bedon». Honnêtement, je n'avais jamais vu une telle fascination envers mon énorme ventre et un tel talent pour tenter de communiquer avec lui! J'avais l'impression qu'elle faisait connaissance avec ma belle Olivia. Cette belle dose d'amour à l'égard de mon enfant à venir était vraiment attendrissante. –

Une fille à bedaines

Anick Lemay – Quand je vois un ventre de femme enceinte, je n'ai pas le choix, je me colle dessus. L'appel est tellement fort. Pendant ma grossesse, je pouvais passer près d'une heure à flâner au lit, à répondre aux coups de pied de ma fille. Il y avait une sorte de dialogue physique entre elle et moi. Je voudrais vivre une autre grossesse juste pour ces moments-là.

Comme bien des femmes, la seule chose qui m'a angoissée durant la grossesse est que j'ai pris conscience de notre finalité. Je me trouvais égoïste, car en donnant la vie à ma fille, je lui donnais inévitablement la mort. C'est épouvantable! Pour moi, la mort c'est le déchirement des gens que j'aime; et j'allais faire ça à un être humain! Soudainement, ma vie est devenue importante parce que celle de ma fille l'était aussi. Je ne peux pas mourir, elle a besoin de moi. Durant l'enfance, la relation entre l'enfant et sa mère est fondamentale. Avec le père aussi, mais lorsqu'un enfant se blesse, c'est toujours sa maman qu'il réclame. À vingt-sept ans, j'ai sauté en parachute et j'ai hurlé «Maman!». C'est venu chercher le primitif, et le primitif c'est maman.

Donner la vie

J'aime tout de l'accouchement ! Les contractions, la poussée, le passage du bébé. Pour moi, ça ne se compare à rien. Pour revivre ce sentiment unique, j'accoucherais tous les jours de ma vie.

ISABELLE RACICOT

Histoires de pêche

Ah, les histoires d'accouchement! C'est un peu nos «histoires de pêche»... la vérité en prime. Je suis toujours impressionnée par la diversité de ces histoires spectaculaires, hilarantes, terrifiantes ou simplement touchantes. Chaque accouchement suit son propre scénario. Un scénario écrit par la vie. Chaque bébé choisit comment il fera son entrée dans le monde: c'est sa première marque!

Notre façon d'aborder l'accouchement est personnelle. Nous faisons des choix qui conviennent à notre personnalité et à notre tempérament. J'ai connu des femmes qui avaient une peur bleue d'accoucher. Elles ne voulaient même pas aborder le sujet, de peur de déclencher les contractions. À l'autre extrême, certaines amies – que j'appelle affectueusement les mamans chat – étaient complètement zen. Elles choisissaient de faire confiance à leur instinct et n'avaient besoin d'aucune préparation. Leurs discours s'articulaient autour de la philosophie «Les femmes accouchent depuis toujours, mon corps saura quoi faire». J'ai aussi connu la femme ultra préparée, qui s'informait au point de pouvoir rédiger une maîtrise en accouchement; vous savez, celle qui ne comprend pas pourquoi votre valise n'est toujours pas prête deux mois avant la date prévue? Pour ma part, je me considère comme un hybride entre la maman chat et l'ultra préparée. J'aime me renseigner, mais en laissant la place à mon instinct. J'aurais aimé être une maman chat et vivre un accouchement à la maison ou dans une maison de naissance. Pour mon premier accouchement cependant, je me suis sentie plus en confiance avec la médecine traditionnelle. Pour ajouter un peu d'humanisme à cette grande étape de vie, par contre, j'ai fait appel à une accompagnante. Son rôle consistait à nous rencontrer à trois reprises avant l'accouchement, en guise de cours prénataux, et pour l'élaboration d'un plan de naissance. Pendant l'accouchement, son rôle était d'être présente et de donner des conseils pour aider à gérer la douleur. Elle devient également un très bon repère pour le conjoint qui ne sait pas de quelle façon s'y prendre pour aider son amoureuse. J'ai trouvé le modèle qui me convenait.

***

– Isabelle Racicot adore accoucher. Elle se prépare mentalement et physiquement pour ce grand rendez-vous avec la vie. Sa formule semble gagnante, car nous rêvons toutes d'un accouchement comme le sien! Annie Brocoli représente bien ce que j'appelle la maman chat. Elle fait souvent référence à son instinct animal et c'est grâce à lui qu'elle a fait la rencontre de sa fille. Et surtout, quel sang-froid! –

Vite fait bien fait!

Annie Brocoli – «Ah! Je pense que je ne me rendrai pas!» Je me souviens encore du visage de mon chum. J'étais bien agrippée à la rampe dans l'ascenseur de l'hôpital. Il m'a répondu «Non, tu vas te rendre.» Heureusement, les portes se sont ouvertes à temps et j'ai pu me précipiter vers la salle d'accouchement. J'avais tellement envie de pousser. J'étais à peine installée que j'avais les deux mains tendues, prête à accoucher. En me voyant, l'infirmière m'a avertie: «Non, non, il faut attendre le médecin, il est en route.» Je sentais que bébé ne voulait pas attendre, lui. Innocemment, j'ai demandé à l'infirmière: «Est-ce que ma peau est blanche?» Elle m'a répondu que non. On m'avait déjà expliqué que lorsque c'est blanc, il y a des risques de déchirure. Selon moi, j'avais le feu vert... et je me suis mise à pousser. L'infirmière était dans tous ses états. C'était son premier accouchement en solo. Elle me suppliait d'attendre, mais le bébé commençait déjà à sortir. Je me sentais totalement en contrôle, j'avais l'impression de savoir ce qu'il fallait faire. J'ai même cessé de pousser à un certain moment pour demander à l'infirmière de me confirmer que le bébé n'avait pas le cordon autour du cou. En voyant son visage stupéfait, je me suis sentie obligée de lui demander la permission avant de me remettre à pousser. Résignée, elle a accepté. Quelques efforts supplémentaires et j'avais ma belle Marie-Jeanne dans les bras. Dix minutes plus tard, le médecin est arrivé. Son premier réflexe a été de gronder l'infirmière. Elle avait eu son lot d'émotions pour le mois, la pauvre!

Chaque fois que j'y repense, j'essaie toujours de comprendre comment j'ai pu y arriver. Je pense que c'est grâce à un mélange de naïveté et d'instinct animal.

J'accoucherais
tous les jours de ma vie

Isabelle Racicot – J'aime tout de l'accouchement! Les contractions, la poussée, le passage du bébé. Pour moi, ça ne se compare à rien. Pour revivre ce sentiment unique, j'accoucherais tous les jours de ma vie. J'ai abordé mes accouchements comme une athlète se prépare pour les Jeux olympiques. J'ai fait de la visualisation, de l'exercice et le plein de sommeil. Je voulais être en forme pour faire face à l'inconnu. J'avais élaboré un plan de naissance, monté une liste musicale, que je souhaitais écouter durant l'accouchement, et même planifié un goûter pour combler mon appétit après ce long marathon. La préparation mentale et physique est importante selon moi. C'est certainement ce qui m'a aidée à avoir deux accouchements relativement aisés.

À mon premier accouchement, je suis arrivée à l'hôpital à 8 h 30; à 13 h, je faisais la connaissance de mon petit Christopher. Pour l'accouchement de Justin, j'étais à la maison lorsque j'ai ressenti les premières contractions. Ma réaction a été d'aller prendre une douche. Et je devais aussi absolument me faire une mise en plis! J'avais tellement détesté les photos de mon premier accouchement que je m'étais promise d'avoir meilleure mine pour le deuxième. Je me suis installée au sous-sol pour ne pas réveiller mon mari et Christopher. En pleine contraction, je me suis lancée dans le projet de me sécher les cheveux: une lutte contre mon bouclé naturel qui a duré quarante minutes. Une fois ma mission terminée, j'ai constaté que mes contractions étaient maintenant toutes

les cinq minutes. J'ai appelé la ligne Info-Santé et l'infirmière m'a posé les questions habituelles. Je lui ai répondu banalement que j'étais à la maison et que c'était un deuxième accouchement. « Madame, vous devez vous rendre à l'hôpital tout de suite. » J'étais persuadée que je devais attendre que les contractions soient toutes les deux minutes pour m'y rendre. Alors, j'ai réveillé mon mari et Christopher. Nous sommes partis de Boucherville en direction de Greenfield Park – pour déposer mon fils chez sa grand-mère –, pour finalement nous diriger à la Cité de la santé à Laval. Je tiens à mentionner que j'étais toujours en contractions ! Pendant que je m'installais dans la salle d'accouchement, j'ai proposé à mon mari d'aller se chercher à déjeuner à la cafétéria.

Il venait à peine de franchir la porte que j'ai ressenti l'envie de pousser ! J'étais paniquée, je trouvais que tout allait trop vite et je me retenais, même si l'envie était très forte. Arrivé à la cafétéria, Donald a entendu : « Monsieur Robins, vous êtes demandé immédiatement en salle d'accouchement. » Il n'a même pas eu le temps de payer, il a tout laissé en plan et s'est précipité vers la salle d'accouchement. La première chose que je lui ai dite : « J'ai été obligée de t'attendre ! » Cinq poussées plus tard et nous faisions la connaissance de Justin.

Aujourd'hui, j'aime me fermer les yeux et me rappeler ces beaux moments, comme un film que je repasse dans ma tête. Pour moi, il n'existe rien de plus grandiose.

– La hantise de bien des femmes, c'est la douleur. Pour ma part, je me souviens très bien de ma troisième contraction. C'est celle qui a donné le ton à ce qui m'attendait. Marc utilisait une application sur son téléphone cellulaire pour enregistrer la fréquence de mes contractions. Imaginez le topo : au début de chaque contraction, il démarrait son programme puis me portait assistance, arrêtait le programme et s'activait à ramasser tous les bagages en vue du départ vers l'hôpital. Au moment de charger la voiture, j'ai même dû activer moi-même le programme (que je trouvais parfaitement inutile). Et lorsqu'il discutait au téléphone avec l'infirmière, j'avais l'impression d'entendre un spécialiste de la statistique commenter une action en Bourse. Le verdict était clair, cependant : c'était le moment de se rendre à l'hôpital. Il était environ 8 h un mercredi matin. Je priais pour qu'on ne reste pas coincés dans le trafic. Malheureusement, mon vœu ne fut pas exaucé. Le trajet s'est fait dans le silence le plus complet. J'avais l'impression que Marc retenait son souffle et qu'il évitait tout mouvement, de peur de me déranger. Je m'agrippais à tout ce que je pouvais. Il y avait un tel décalage entre ce que je vivais et la réalité ! Ce matin-là, je ne rentrais pas au travail, même si j'avais commencé le mien. J'avais plutôt rendez-vous avec ma fille.

Pour Lynda Thalie et Sophie Durocher, l'une était conviée à une rencontre double et l'autre tentait par tous les moyens de gérer sa peur de l'accouchement… –

18 décembre 2007

Lynda Thalie – À 37 semaines de grossesse, on a décidé de me provoquer. Je me vois encore ce matin-là, avec mon poncho acheté à Mexico, deux paires de chaussettes dans mes Crocs et un bonnet de mère Noël sur la tête. Plus rien dans ma garde-robe n'était à la hauteur de mon format double. Il était vraiment temps que j'accouche ! J'étais extrêmement nerveuse. Depuis le début de la grossesse, j'avais une hantise et c'était d'accoucher par césarienne. Je suppliais constamment la vie pour que tout se déroule naturellement, grâce à mon amie la péridurale. C'est ironique, car j'ai peur des aiguilles, mais c'était indiqué partout dans mon dossier, et en caractères gras de surcroît : Péridurale, S.V.P.

Il était 6 h lorsqu'on m'a installée dans une salle d'accouchement et qu'on m'a administré des doses de pitocine[1] pour provoquer les contractions. J'avais pris le soin d'apporter un DVD de Jean-Marc Parent pour me divertir et ça fonctionnait très bien. Je riais aux éclats avec Patrick, mon mari, et je n'avais toujours pas de contractions à signaler. J'imaginais les autres femmes en travail qui ne devaient rien comprendre à ce qui se passait dans notre chambre. La matinée passait et je n'avais toujours aucun signe de contractions ; j'ai donc senti le besoin de consulter les infirmières. J'avais déjà reçu la dose maximale de pitocine. Je trouvais étrange de ne rien ressentir…

J'ai choisi de continuer à rigoler. Soudainement, une première contraction. Puis, les suivantes se sont installées tranquillement. J'alternais entre le rire et la gestion des contractions... jusqu'à ce que je n'entende plus à rire. C'était du sérieux! Je devais changer de stratégie pour calmer les douleurs. Alors j'ai choisi de danser avec Patrick. J'avais besoin de bouger constamment, ça m'aidait à endurer la douleur. La fin de l'après-midi approchait lorsque mon médecin est arrivé. Elle m'a demandé si j'avais reçu la péridurale (j'étais en attente de la recevoir). À voir son regard, j'ai compris que mon amie péridurale ne figurait plus parmi les plans. En outre, elle devait procéder à l'accouchement tout de suite, car la petite était à risque. J'ai paniqué. Je trouvais que tout allait soudainement trop vite et que je n'étais pas prête à accoucher. J'ai regardé Patrick et je lui ai dit: «Césarienne, s'il te plaît! Pitié! Faites-moi une césarienne.» Il m'a fixée, avec ses cheveux ébouriffés, dépassé par les événements. Je n'ai pas eu le temps de céder à la panique très longtemps: on m'ordonnait déjà de pousser.

Ma fille a été la première à se montrer le bout du nez. Dahlia était grise, fripée et elle avait de la difficulté à respirer. Trois ou quatre infirmières s'affairaient autour d'elle, impuissantes. Je devais continuer à pousser. Mon chum ne savait plus quelle direction prendre. Je lui ai fait signe que j'avais toujours besoin de lui. Et puis, ce n'est pas vrai que le passage du second bébé est plus facile. D'autant plus, que mon fils était plus gros. J'ai poussé, poussé, pour enfin voir ce gros bébé tout rond, tout rose et peinard. J'ai pu le serrer contre moi. Dahlia se portait mieux et elle avait pris la route de la pouponnière avec son papa.

C'est seulement pendant la troisième nuit que j'ai pu prendre Liam pour aller rendre visite à sa sœur à la pouponnière. C'est aussi la première fois que je les ai allaités en même temps. Dans le silence, seule avec eux, c'était un moment vraiment magique.

---

1. Pitocine: cette hormone stimule les contractions de l'utérus chez la femme enceinte et accélère le travail de l'accouchement.

Ne pas oublier
de respirer

Sophie Durocher – L'accouchement me terrorisait! Tout d'abord, en raison des nombreuses histoires d'horreur que j'avais entendues sur le sujet. Et je n'avais pas besoin de chercher très loin: ma mère a eu cinq enfants et lorsque je la questionnais sur ses accouchements, elle me disait: «On peut-tu changer de sujet?» Ensuite, il y avait la douleur physique. J'avais peur d'avoir mal, de pâtir. Je passe tout près de m'évanouir lorsqu'on me fait une prise de sang. Je suis chochotte. Je me cogne contre le mur? Je hurle pendant une demi-heure. Je suis super douillette. C'est ma nature.

À l'approche du grand jour, je tentais de calmer mes angoisses comme je le pouvais. Chaque fois que je me rendais à l'hôpital, je parlais aux infirmières: «Dites-moi que ça ira bien.» À mes rendez-vous chez le médecin, je demandais: «Racontez-moi encore comment ça se passera, la péridurale, quand pourrez-vous me la donner?» J'étais vraiment nerveuse et mon médecin le sentait bien. J'ai suivi des cours de yoga prénataux pour apprendre à bien respirer et à me calmer. Malgré ça, le stress n'avait pas diminué d'un iota.

Je me souviens d'avoir hurlé: «On peut-tu en finir, c'est quoi cette affaire-là? Ça n'a aucun sens!» La douleur était insupportable au point de me faire péter les plombs. J'avais complètement oublié mes techniques de respiration et Richard essayait de me calmer. Complètement emportée

par la douleur, je suis même allée jusqu'à lui dire : « Toi, ta gueule ! » Hors de contrôle, c'est la gentille infirmière qui m'a ramenée au calme. J'avais oublié de respirer depuis un bon moment et, avec les effets de la péridurale qui se faisaient enfin sentir, mon état devenait plus tolérable. Même si j'avais hâte que tout cela se termine, il me restait la dernière étape : la poussée.

Ça faisait déjà un bon moment que j'étais dans l'effort. Je me sentais au bout de mes forces et le médecin me demandait de pousser encore et encore. C'était un effort totalement surhumain. Richard s'est mis à m'encourager : « Vas-y Sophie, c'est presque fini, on voit ses cheveux. » Mon médecin confirmait que la tête était là. Je ne sais pas où j'ai trouvé cette énergie-là, c'est peut-être celle du désespoir ou d'une fille qui voulait que ça se termine le plus rapidement possible. Mais j'y suis arrivée. Je vois encore la drôle de binette de notre Nicolas. Il avait l'air d'un personnage de bande dessinée avec ses yeux noirs. Je pleurais et je riais à la fois. Soudainement, j'avais tout oublié !

* * *

– Bien des choses peuvent se produire dans le feu de l'action d'un accouchement. De mon côté, entre deux contractions, je prenais le temps de remercier les infirmières et les médecins présents. J'étais touchée de voir tout ce monde au travail. Je savais qu'ils étaient payés pour le faire, mais toutes les personnes impliquées faisaient preuve d'une gentillesse et d'un dévouement qui me touchaient beaucoup. Par contre, mon discours était interminable et ressemblait à celui d'un cadre qui félicitait ses employés pour l'excellent rendement du dernier trimestre. Lorsque j'ai croisé le regard de mon chum, j'ai compris que c'était le moment de conclure.

Anick Lemay, elle, toujours pleine de joie de vivre, avait envie de trinquer à la vie. –

Deux mondes

Chantal Lamarre – À chaque contraction – et j'exagère à peine –, j'appelais quelqu'un pour expliquer l'état dans lequel je me trouvais. Je ne suis même pas comme ça d'habitude. Je n'en revenais pas. «C'est hallucinant comme ça fait mal!» Lorsque je me suis retrouvée avec mon bébé dans les bras, j'étais dans un état de grande euphorie. Le seul hic, c'est que lorsqu'on sort de la salle des naissances, on se fait transférer dans une chambre qu'on doit partager. Impossible d'y être confortable. La porte s'ouvre constamment, il y a toujours du bruit et on est laissée à soi-même. Il est difficile d'avoir l'aide nécessaire. Résultat? Impossible de récupérer. Tout ce que l'on souhaite, c'est rentrer à la maison pour dormir. On est loin des années 1970 et des puéricultrices qui prennent le temps de tout t'expliquer pendant un séjour de cinq jours. Je sais bien qu'on ne peut pas revenir à cette formule, mais il y a quand même un constat à faire.

Un gin-tonic s.v.p.

Anick Lemay – Je n'avais même pas le droit de boire de l'eau et je disais en rigolant: «Donnez-moi un gin-tonic.» Je rêvais d'en boire un. Je venais de goûter au soulagement de la péridurale, ce qui explique pourquoi j'étais aussi détendue. Ça faisait changement des envies de Caramilk et de jus de tomate qui avaient dominé mes caprices de femme enceinte. (Je vous rassure, je ne les consommais pas en même temps.)

***

– Chantal Lamarre lève le voile sur un volet plus sombre et une de mes incompréhensions les plus complètes. Une fois le petit nid douillet des salles d'accouchement franchi, c'est un autre monde qui attend la maman et le bébé prêts à récupérer de cette grande rencontre. –

– La première rencontre avec bébé en est une d'intimité et d'intensité. Tout passe par les yeux et la voix. Dominique Bertrand nous raconte même sa propre «technique».

Dans le cas d'une adoption, j'ai compris tous les bouleversements que cela pouvait impliquer, mais surtout la promesse d'amour d'être là pour toujours. –

Clara,
une petite fille de la mer de Chine

Pascale Montpetit – Lorsque nous sommes arrivés à l'orphelinat, je me sentais comme dans une ruche remplie de nounous qui se promenaient, avec des bébés partout. La directrice était là pour nous accueillir et nous faire signer les registres d'adoption. Honnêtement, je ne comprenais rien à ce qui se passait. Les conversations se déroulaient en vietnamien et la traductrice n'avait donné aucune indication sur le déroulement. Je me souviens très bien du trac que j'avais; un trac comme je n'en avais jamais ressenti alors. Je me sentais dans l'attente du *blind date* le plus incroyable de ma vie. Sans annonce officielle, j'ai vu une nounou tourner le coin et s'approcher avec une petite fille de quatre mois, vêtue d'une robe orange. C'était ma Clara! Elle était toute délicate dans mes bras. Sur la photo, elle avait l'air d'un petit ours mal léché. Son visage semblait plus carré et massif.

Je regardais son sourire et j'étais complètement bouleversée. Je ne sais pas si c'est la même chose qu'avoir un enfant naturellement, mais déjà je la sentais à la

merci des décisions que j'allais prendre pour elle. J'ai été rapidement envahie d'un immense sentiment de protection. «Je vais m'occuper de toi, ma petite fille.» Jamais je ne m'étais sentie aussi forte. C'est un sentiment unique, comme si j'avais toujours vécu en noir et blanc et que ma vie était désormais en couleurs.

Il faisait 39 °C à Saigon. C'était la période la plus chaude et la plus humide de l'année. Clara vivait avec 50 enfants dans la même chambre, jour et nuit, et elle se retrouvait maintenant dans un hôtel climatisé avec deux Blancs parlant une autre langue. C'est un peu comme prendre un poirier et le planter dans l'Arctique. Les vingt-quatre premières heures peuvent être éprouvantes, autant pour maman que bébé. Mathieu le savait et il m'a laissé toute la place, tout en étant présent pour nous. J'ai gardé Clara collée contre moi sans m'éloigner une seconde. Je la nourrissais, la cajolais, la berçais et lui parlais sans arrêt. Je faisais connaissance avec ma fille. J'ai plongé mes yeux dans les siens et je lui ai fait une promesse: «Clara, je te jure que je peux t'aimer autant que ta mère, je te le jure, n'en doute jamais. Même si tu me hais un jour, moi je t'aimerai quand même. Je suis *drillée* dans le plancher. Je ne bouge plus!»

Le lendemain, Clara rigolait, jouait avec son nez et se laissait chatouiller. Le processus d'attachement était commencé et c'était très gratifiant pour moi, nouvelle maman.

Un ange

Laurence Jalbert – Il y a eu l'infirmière compatissante qui m'a dit: «Dépêchez-vous, il n'y a personne.» Elle a soulevé le couvercle de l'incubateur et j'ai pu embrasser mon bébé. Ça faisait deux semaines que je regardais son minuscule corps emmitouflé dans plusieurs couvertures et la petite tuque que ma mère lui avait tricotée. Nathan est né à 26 semaines de grossesse. À sa sortie de l'hôpital, il ne pesait que deux kilos (quatre livres et demi), mais il était enrobé d'une tonne d'amour.

Une vraie maman chat

Dominique Bertrand – Lorsque ma fille est née, je la léchais. Ils venaient me la porter pour l'allaiter et lorsqu'ils revenaient la chercher, elle était gluante. Les infirmières me disaient: «Madame Bertrand, franchement!» C'était plus fort que moi, c'était animal!

Enchantée

Geneviève Guérard – Je raconte encore aujourd'hui à ma fille notre première rencontre et la façon dont on se regardait et elle trouve ça drôle. C'était comme si nous avions les yeux croches à essayer de faire le focus pour se regarder. Elle avait les yeux gris métallique. Je me souviens, j'étais complètement au bout de mes forces et lorsque je l'ai regardée, j'avais l'impression de la connaître déjà.

À mon deuxième enfant, j'ai eu une césarienne planifiée. Le contact s'est donc fait au son de sa voix. Lorsque je l'ai entendu crier, j'ai ressenti une surdose d'amour incroyable. Je pleurais en disant: «Je t'aime, c'est maman»; je voulais qu'il m'entende de l'autre côté du rideau. Je ne savais même pas encore si c'était un garçon ou une fille. On voulait se garder la surprise, car c'est ce qu'on avait fait pour ma fille. Il a finalement traversé le rideau pour venir à ma rencontre. C'était un garçon.

C'est à ce moment-là que j'ai compris que je pourrais avoir 80 enfants et tous les aimer. Durant cette deuxième grossesse, je me disais qu'il était impossible que je l'aime autant que le premier… «Pauvre petit, je vais en prendre soin, que veux-tu!» À son premier cri, cependant, j'ai compris que j'avais tout faux. On a une capacité de les aimer tous plus grande que l'univers.

* * *

– Ma fille Olivia a, quant à elle, fait son entrée dans le monde avec un point d'interrogation dans les yeux. J'avais l'impression qu'elle nous disait: «Que se passe-t-il? J'ai manqué quelque chose?» Tout de suite, j'ai eu l'impression d'avoir été happée par un tsunami d'amour. On a commencé à faire connaissance pendant une nuit difficile à l'hôpital. Elle ne cessait de pleurer et une merveilleuse infirmière m'a conseillé de faire du «peau à peau» pour la calmer. Pour bien ajouter à notre cocon, elle nous a enveloppées de couvertures chaudes. Ma fille s'est rapidement calmée. Collées l'une contre l'autre, nous nous sommes regardées quelques instants avant qu'elle ne trouve le sommeil. Pendant que j'examinais chaque détail de son visage, ses petits pieds et ses petites mains, je me disais que c'était impossible de ne pas croire à plus grand que soi. –

l'art de tout conjuguer

Je l'aime mon job et j'ai vraiment du plaisir à le faire.
Je dois simplement gérer mon thermomètre de culpabilité.
Et je ne veux surtout pas transmettre ça à ma fille.

Anick Lemay

Le **combat** de toutes les femmes !

C'est cette recherche de l'équilibre entre le temps accordé aux enfants, aux obligations professionnelles et aux responsabilités du quotidien, le tout en essayant de trouver du temps pour soi. Pour y arriver, il faut faire des choix. Car à mon avis, le règne de la *superwoman* tire à sa fin.

C'est au moment de reprendre le travail que j'ai compris ce qu'exigeait le fait d'être une maman. J'ai eu soudainement une admiration sans bornes pour les femmes et leur capacité à tout gérer. J'ai aussi eu un moment de panique : serais-je à la hauteur ? Chaque fois que la question se présente, c'est signe qu'il est temps de (re)définir mes priorités et de faire appel à mon réseau familial. J'ai vraiment essayé d'incarner la *superwoman,* mais le costume ne me fait simplement pas. J'étais épuisée, frustrée, insatisfaite et je n'avais aucun plaisir. J'avais l'impression d'être partout et nulle part à la fois. J'ai décidé de consulter une psychothérapeute pour m'aider à faire le ménage dans tout ça. C'est le plus beau cadeau que je me suis offert. J'ai alors appris à respecter mes limites, à connaître ce qui me procure du bonheur et à demander de l'aide. J'avais maintenant une base avec laquelle travailler pour trouver mon équilibre. Celui-ci demeure cependant fragile. Il faut savoir se poser les bonnes questions et s'ajuster à de nouvelles réalités.

Une grande réflexion est aussi née du déchirement de laisser mon enfant aux soins de quelqu'un d'autre. J'ai finalement trouvé une formule qui me convient. Ma fille fréquente la garderie trois jours semaine et le reste du temps, elle est avec nous. Mon travail de pigiste me permet d'adapter mon horaire à ma guise, ce qui implique de travailler parfois très tôt le matin ou en soirée. C'est le compromis que je choisis de faire pour passer plus de temps avec Olivia. C'est important pour moi de travailler ; j'adore ce que je fais et ça fait partie de ce qui me rend heureuse.

– C'est dans cette gestion de la maternité que les déchirements sont les plus grands. Maintenir une carrière tout en étant un parent présent, ça ne se fait pas sans laisser de traces. Annie Brocoli en sait quelque chose. Avec le recul, elle ferait les choses différemment. Diane Lavallée a quant à elle su s'entourer pour trouver un encadrement qui lui ressemble, et Laurence Jalbert a dû prendre de grandes décisions au nom de la maternité. –

« Maman, ze veux pas »

Laurence Jalbert – Mon premier album est sorti et tout est arrivé en même temps. Du jour au lendemain, les gens me reconnaissaient dans la rue. Deux semaines auparavant, il fallait que je donne le choix à ma fille de six ans entre acheter un jus et effectuer le trajet à pied ou encore prendre l'autobus. Je n'avais pas d'argent pour lui offrir les deux. C'était insensé! Rapidement, je suis partie en tournée avec 250 spectacles par année prévus au compteur. J'avais presque disparu de la vie de ma fille. J'avais demandé à des personnes de confiance de m'aider et lorsque je m'absentais pour une période d'un à deux mois, je faisais appel à ma mère. Je voulais quelqu'un qui reste dans les mêmes discours et dans les mêmes valeurs. J'ai tellement culpabilisé de ne pas être là pour l'endormir, pour lui raconter des histoires et pour vivre tous les premiers moments de sa vie. Je m'en rendais malade.

S'est alors présentée la carrière en Europe. Toutes les occasions étaient là. L'appartement était trouvé ainsi que l'école de ma fille. Un jour, elle m'a regardée – il lui manquait une dent en avant – et elle m'a dit: « Maman, ze veux pas m'en aller, ze veux plus laisser mes zamis. » J'ai dit O.K.

J'ai tout annulé, on a défait les valises et on est restées ici. Je me suis fait détester par certains. Et pourtant, c'est la meilleure décision que j'ai prise dans ma vie. J'ai déjà annulé une journée où je devais faire la une d'un magazine pour aller chercher ma fille à l'école parce qu'elle ne se sentait pas bien. Après cet événement, on m'a oubliée pour les premières pages pendant longtemps. Ce n'était pas un milieu tendre envers la maternité. Je me souviens d'avoir caché ma première grossesse comme une momie. Je m'étais fait dire qu'il fallait que la «bedaine» passe incognito les six premiers mois. Ça ne se pouvait pas une chanteuse enceinte, et surtout, ça ne faisait pas sonner la caisse. C'était à l'époque où je travaillais dans les bars. Même si ma situation était différente lors de ma deuxième grossesse, le scénario s'est tout de même répété. Avec le recul, j'ai peut-être culpabilisé pour rien. C'était mon problème. Ma fille s'est forgée et bâtie grâce à ce que j'ai pu lui donner. Quand j'ai eu Nathan, j'ai imposé un horaire qui me permettait d'être plus présente à la maison. Néanmoins, les déchirements et les coupures m'ont habitée une bonne partie de ma vie. Maintenant, c'est avec mes petits-enfants que ça se produit.

Une entreprise
familiale

Annie Brocoli – Moi, j'amuse les autres enfants. J'ai déjà vu ma fille faire la file pour avoir un autographe : « Mais voyons mon amour, qu'est-ce que tu fais là ? » « Maman, moi aussi je veux un autographe. » Je l'ai serrée dans mes bras : « Voyons Marie-Jeanne, tu peux avoir tous les autographes que tu veux, tu n'as pas à faire la file. » Quelle culpabilité, c'était énorme ! Je devais m'assurer que mes enfants comprennent bien leur place, qu'ils se sentent importants. J'ai donc fait de mon travail un projet de famille. Déjà, le papa était mis à contribution. C'est lui qui s'occupait de la musique. Les enfants ont toujours eu au moins une chanson par album et je les consultais sur les personnages que j'inventais. Je leur rappelais souvent que c'était notre famille qui amusait les enfants. J'ai traîné mes enfants partout avec moi. Ils ont été élevés sur la route, à dormir dans le coin d'une loge et à écouter les spectacles sur les genoux d'un technicien. Avec deux parents en tournée, le sentiment de sécurité, il fallait vraiment leur planter dans le cœur. Nous étions loin d'avoir un horaire stable. À leur première journée de maternelle, mes enfants n'avaient jamais fréquenté la garderie et ne s'étaient jamais fait garder ; ç'a donc été le choc total. À leurs yeux, je les avais abandonnés. Antoine était tellement triste ! Il répétait souvent à son professeur : « Je ne vois plus jamais ma maman. » Marie-Jeanne, elle, s'agrippait au siège de la voiture en pleurant et ne voulait pas aller à l'école. Ça n'a pas duré que quelques jours,

mais bien une année ! Je voulais tellement passer le maximum de temps avec eux avant qu'ils ne partent pour la vie. Avec le recul, je ferais les choses différemment. Antoine m'a dit des phrases qui me procurent une certaine paix et je me les rappelle chaque fois que ma culpabilité veut reprendre le contrôle. Lors d'une conversation avec un ami, il lui a dit : « Moi, ma maman quand elle s'en va travailler, elle s'en va s'amuser. Elle est vraiment chanceuse. » Pour moi, s'il exige ça de la vie, c'est déjà un très bon départ. Le 11 septembre 2001, Antoine était à l'école et les enfants étaient au courant de ce qui se passait. Il est arrivé cette journée-là et m'a dit :

« Maman, est-ce que tu penses qu'il y a des enfants qui ont perdu leurs deux parents ?
— Peut-être ! Il faudrait que les deux parents travaillent au même endroit.
— Ça se peut alors qu'il y ait des enfants qui n'ont plus de parents ?
— Oui, peut-être.
— Peux-tu aller chanter pour eux, maman ? »

Diane Lavallée – Ça me prenait quelqu'un de disponible tout le temps, car je travaillais beaucoup. J'avais passé une annonce dans le journal pour tenter de trouver la perle rare. J'ai fait la connaissance de Claudette Dufour. Laurence avait alors neuf mois. Elle est venue à la maison quelques fois pour m'observer et se familiariser avec ma routine et j'ai pu observer sa façon de se comporter avec mon bébé. Tout se passait bien. La première fois qu'elle est partie en poussette en me disant qu'elle reviendrait dans une demi-heure, je l'ai regardée tourner le coin et j'ai eu une petite panique. « Et si elle ne revenait jamais ? C'est peut-être une folle. Qu'est-ce que je vais dire au policier ? Je ne la connais pas, je n'ai pas pris de références et je lui ai confié mon enfant. » C'est paniquant lorsque tu laisses ton enfant les premières fois. Elle a bien évidemment ramené ma fille à bon port.

Claudette fait partie de ma vie depuis maintenant 21 ans. C'est elle qui a élevé Laurence et Philippe. C'est une femme exceptionnelle qui l'a été tout autant dans ma vie. Elle faisait tout pour moi. Je savais que les enfants mangeaient bien, qu'elle leur donnait leur bain, qu'elle faisait la lessive, le ménage et, le plus important, qu'elle les aimait. Je savais mes enfants en sécurité lorsque j'étais au travail. Mes amies rêvaient toutes d'avoir une Claudette dans leur vie. J'étais choyée : elle était dans la mienne. Laurence pense à elle tous les jours et je sais que Claudette pense souvent à mes enfants.

***

– Diane Lavallée a trouvé la perle rare qui lui a permis de travailler l'esprit tranquille, mais « lorsqu'on accouche, on accouche également d'une culpabilité », dit Annie Brocoli. C'est justement dans cette recherche du juste équilibre entre le boulot et la marmaille que la culpabilité prend le plus de place. Anick Lemay en prend régulièrement le pouls et tente de la contrôler. Pour sa part, Marie-Thérèse Fortin aime cette énergie de l'action du quotidien. –

Le tour du pâté de maisons

Anick Lemay – J'arrive à concilier mon travail de comédienne et de maman… avec une grosse dose de culpabilité et une garderie. La première fois que j'ai accompagné ma fille à la garderie, j'ai fait le tour du pâté de maisons trois fois. L'introduction à la garderie était terminée. La deuxième fois, j'ai fait le tour six fois, toujours en pleurant, et je suis retournée la chercher. C'était déchirant. Je voulais y aller graduellement. Pourtant, je ne me vois pas à la maison jusqu'à ce que ma fille fasse son entrée à l'école ! Je deviendrais folle. J'ai besoin de mon travail pour mon accomplissement personnel ; je fais partie de cette génération. Je l'aime mon job et j'ai vraiment du plaisir à le faire. Je dois simplement gérer mon thermomètre de culpabilité. Et je ne veux surtout pas transmettre ça à ma fille. C'est certain qu'elle le ressent, mais je tente de la jouer relax, du genre : « Tout va bien, tu as passé une belle journée de 11 h à la garderie, ce n'était pas trop long hein ! » Heureusement, ce n'est pas arrivé souvent.

Une double vie

Marie-Thérèse Fortin – J'ai appris à être efficace et j'aime cette énergie-là : faire les courses, commencer une brassée de lessive, préparer le souper, ranger la maison. On est partout à la fois et c'est prenant. J'ai des copines qui ont la langue à terre, mais moi j'aime ça. Le partage entre la maison et le travail, c'est parfois difficile. Ce l'était particulièrement lorsque j'avais à faire la route entre Québec et Montréal. Je me sentais coupable : le lien était tellement fort avec mes enfants. Quand j'étais à la maison, j'étais toute là cependant. Je pouvais également compter sur mon conjoint, très présent, avec un horaire beaucoup plus stable que le mien. Mes enfants se sont accommodés de cette réalité-là.

Lorsque j'ai commencé à jouer dans le téléroman *Le monde de Charlotte*, j'ai écouté un épisode avec ma fille. À la fin du visionnement, Emma m'a regardée avec un petit sourire et les yeux pleins d'eau en me disant : « Comme ça tu as une famille ailleurs. » Elle avait six ans. Mon chum et moi on s'est regardés, on avait le cœur brisé. Je me suis empressée d'appeler le producteur pour lui demander la permission d'amener mes enfants sur le plateau. J'ai pu leur montrer que ce n'était pas une vraie maison, que les enfants avaient des parents qui les accompagnaient. Emma s'est même liée d'amitié avec eux. J'ai senti que quelque chose s'apaisait en elle. J'étais sa maman.

***

– La satisfaction qu'éprouve Marie-Thérèse Fortin à être partout à la fois n'est pas un sentiment généralisé. Pour Chantal Lamarre, la conciliation travail-famille, ça n'existe pas. Selon elle, la réalité c'est « Tu travailles : tu t'organises ». Les femmes ont tendance à se mettre beaucoup de pression, à vouloir tout faire, à ne rien manquer et à « performer » sur tous les plans. C'est simplement impossible. –

Savoir choisir

Chantal Lamarre – Avant, les enfants ne se rendaient pas compte que je travaillais. Parfois, en écoutant la télévision, ils tombaient sur moi: «Qu'est-ce que tu fais là? — C'est mon travail.» «Ah! Tu travailles.» Je n'ai jamais été du type «Vite, vite, vite, on s'en va à la garderie!». J'essaie de travailler le plus souvent possible pendant qu'ils sont à l'école. J'aime bien être présente et qu'ils puissent manger des repas que j'ai préparés moi-même. Il y a donc tout un pan de ma vie qui prend le bord. Il n'y a pas beaucoup de soirées entre amis ou de sorties culturelles. C'est le choix que j'ai fait. J'ai l'impression que les femmes se mettent beaucoup de pression à essayer d'être partout. Moi, je ne peux pas! Il y a toujours quelque chose: un papier que j'ai oublié, qui me rappelle qu'il y a de la gym cette journée-là, je n'ai pas mis les bonnes choses dans le lunch, j'ai oublié de remplir le coupon obligatoire pour l'activité, etc. Je fais déjà plus que mon possible. Ma conciliation va passer dans le tas de poussière sur le tapis. Ce n'est pas grave, la balayeuse ne laissera aucune trace. Et ça, c'est quand j'aurai le temps de la passer!

– Il faut savoir penser à soi. Pour Dominique Bertrand, c'est primordial si l'on veut bien materner son enfant. Je m'applique à promouvoir cette théorie. C'est par contre le dossier dans lequel j'obtiens actuellement le moins de succès. On a toujours mieux à faire que prendre du temps pour soi. Pourtant, chaque fois que je l'ai fait, ce fut salutaire. Et c'est d'ailleurs le retour au travail qui a permis à Mélissa Désormeaux-Poulin de se retrouver et de reprendre des forces. –

Couper le cordon

Mélissa Désormeaux-Poulin – Deux semaines après l'accouchement, j'avais une audition et j'ai eu une montée de lait. J'avais oublié de mettre la célèbre compresse d'allaitement. Résultat : mon chandail était complètement imbibé. C'était le début de ma carrière en tant que maman.

Durant la grossesse, j'avais peur de ne plus travailler. J'avais presque fait le deuil de ma carrière et, en fin de compte, c'est tout le contraire qui s'est produit. Ma fille avait trois mois lorsque j'ai décroché un rôle dans un film. J'étais déchirée entre mon rêve de faire du cinéma et ma fille, avec qui je vivais complètement en symbiose. Depuis la naissance de Léa, je menais tout de front. J'étais, pas besoin de le dire, épuisée. Le retour au travail m'a permis de couper un peu le cordon et de ramener la situation à la normale et, étrangement, de reprendre mon énergie. Pendant les 25 jours de tournage, je ne devais penser qu'à moi et ça m'a fait le plus grand bien. J'étais bien entourée de mon chum, de ma mère et de ma belle-mère pour s'occuper de Léa. J'ai réalisé que je devais prendre soin de moi, car je suis importante pour ma fille. Il faut continuer à vivre et à évoluer. Tu n'apportes rien à ton enfant si tu te replies sur lui.

Deux mères

Dominique Bertrand – On a fait des casse-tête de la petite Sirène, on a joué dehors, je l'ai bécotée à profusion, j'ai fait tout ce que j'avais à faire durant les deux premières années où je suis restée à la maison. J'adore ma fille… mais je me suis ennuyée mortellement. J'ai compris que je n'étais pas faite pour ça. Quand je suis retournée sur le marché du travail, j'ai trouvé un équilibre pour moi, mais également pour ma fille. C'est important de travailler, d'avoir des buts, de se lever le matin pour autre chose que son enfant. Ma fille a toujours vu sa mère travailler et aimer son travail. Je n'ai jamais eu d'aide financière. J'ai toujours tout payé moi-même. Parfois, j'avais de la difficulté à joindre les deux bouts, mais Rosemarie n'a manqué de rien. C'est une question d'autonomie et de dignité pour moi. Ça fait partie des valeurs que je veux lui inculquer. Ma fille a deux mères ! Dès le début, ma mère m'a dit : « Tu es seule et je vais toujours te donner priorité. » Si j'étais retenue au travail, je n'avais qu'à lui téléphoner et elle s'occupait d'aller chercher Rosemarie à sa sortie de l'école. Je pouvais lui donner une heure ou deux d'avis, elle était toujours disponible pour moi. Elle était là également quand j'en avais ras le bol. Je faisais alors ce qu'il fallait pour prendre soin de moi. Bien des femmes vont au-delà de leurs limites, en faisant constamment passer les enfants avant elles. Il faut prendre soin de la femme en nous, sinon on ne peut plus materner notre enfant. J'ai compris ça rapidement dans ma vie de maman.

Et papa dans tout ça ?

Moi, c'est mon premier passage à travers ces étapes, tandis que lui en a vu d'autres. Il connait parfaitement le rituel de la danse du bacon.

Sophie Durocher

La place du papa

Elle est évidemment primordiale. Sa participation doit se faire dès les premiers mois de la grossesse. Mon conjoint souhaitait assister à toutes les échographies, m'accompagnait chez le médecin pour entendre le cœur du bébé, participait aux cours prénataux et a toujours pris les devants pour préparer la venue du bébé. Cet enthousiasme partagé a largement contribué à mon bonheur de porter notre enfant. Dès la naissance d'Olivia, Marc a su prendre sa place. J'étais vraiment touchée de le sentir aussi présent et en contrôle par rapport aux besoins du bébé. C'était aussi le plus calme de nous deux avec les coliques d'Olivia. C'était très rassurant pour moi et j'ai su rapidement que je pouvais compter sur lui.

Pour Marc, son rôle s'est vraiment défini au troisième mois d'Olivia. Au début, il se sentait davantage en mode «subvenir aux besoins». Un peu comme un pompier volontaire, toujours prêt à répondre aux urgences. Après trois mois de «service» cependant, Marc a cessé de se voir uniquement comme premier répondant et plutôt comme un papa à la rencontre de son enfant. Naturellement, le bébé donne le temps au papa de s'habituer à son nouveau rôle. Marc m'a même dit que ces trois premiers mois avaient été la plus longue audition de toute sa vie.

Je nous avais fait la promesse de ne critiquer en aucun cas sa façon de faire avec notre fille. On s'échangeait bien parfois des conseils, mais je n'ai jamais insisté pour qu'il fasse les choses à «ma manière». Selon moi, c'est comme ça qu'on apprend à devenir parent. J'ai également appris en le regardant à l'œuvre. C'était déjà un apprentissage en soi juste dans ses choix vestimentaires pour Olivia: ce n'était pas toujours harmonieux, mais on ne pouvait pas nier que ça ajoutait de la couleur!

Si j'ai autant de plaisir à «materner», c'est en grande partie grâce à lui. On s'apporte un soutien mutuel qui nous permet de prendre le recul nécessaire lorsqu'on se sent débordé. Il m'apprend à faire preuve du détachement nécessaire pour faire de la discipline. On a découvert aussi que le fait de former une bonne équipe maximise le bonheur de toute la famille et que c'est un travail de tous les jours. Tout n'est pas rose, au contraire. On a dû s'ajuster souvent et on devra le faire pour le reste de nos vies de parents. Mais on discute, on reste ouvert et sensible aux besoins de l'autre. Et jusqu'à maintenant, ça fonctionne.

Lâcher prise

– Je suis heureuse de constater que les pères s'engagent de plus en plus et qu'ils prennent plaisir à assumer leur rôle. C'est aussi ce que vous découvrirez au fil des histoires qui suivent. Vous lirez entre autres l'histoire d'un papa qui a choisi de rester à la maison pour prendre soin des enfants et d'un autre qui a voulu écourter ses vacances pour retrouver sa famille. Il y a également la réalité d'assumer seul la responsabilité de parent et celle de devoir la partager après une séparation. Nous aborderons également les stratégies pour garder le couple bien vivant dans cette aventure parentale et familiale.

Pour que le papa prenne sa place, il faut d'abord qu'il en ait une. Certaines mamans doivent apprendre à céder un peu d'espace. C'est ce qu'on appelle le lâcher-prise. C'est un exercice de confiance qui demande un certain entraînement, mais qui rapporte à tous. C'est ce que Mélissa Désormeaux-Poulin et Isabelle Racicot se sont entraînées à faire. –

Mélissa Désormeaux-Poulin – Je me souviens d'une étude où on observait des parents avec leurs enfants pendant un cours de natation. Les résultats montraient que les mamans gardaient généralement l'enfant face à elles et s'assuraient de créer le contact avec les yeux et de l'encourager, alors que les papas positionnaient plutôt le bébé vers les autres pour l'amener à découvrir ce qui l'entoure. Tout cela résume très bien ce que mon amoureux apprend à Léa: à laisser un peu aller sa maman et à s'ouvrir aux autres.

Au début de ma vie de maman, j'étais très protectrice avec Léa. Dès qu'elle pleurait, je m'empressais de dire : « C'est correct, je vais m'en occuper. » Je voulais avoir l'air de la *superwoman* qui connaît tout et qui gère tout. J'étais profondément fatiguée. C'est mon retour au travail, alors que Léa avait trois mois, qui a permis à mon amoureux de faire sa place auprès d'elle. Il a pris congé de son travail pour prendre soin de notre fille ; il a été extraordinaire. Si notre fille suit des cours de danse, c'est grâce à lui. Je suis vraiment fière de ce qu'il accomplit comme papa. Il est capable de beaucoup d'affection, d'amour et de tendresse. Je le trouve tellement beau avec notre fille. Je ne compte plus le nombre de fois où je suis retombée amoureuse de lui. On forme un couple depuis plus de 15 ans. Il est donc important pour nous que Léa nous voie comme une équipe. On se « tient », même lorsqu'on a un point de vue différent. On ne craque pas devant elle.

Père au foyer

Isabelle Racicot – Il y a huit ans, mon mari se proposait de rester à la maison pour s'occuper de Christopher. Cela représentait un congé parental de huit mois. C'était plutôt rare à l'époque. J'ai d'abord été surprise par sa proposition. Ma carrière allait bien et il voulait que j'en profite. Alors j'ai accepté. La nouvelle a étonné notre entourage, même si tout le monde trouvait que c'était un beau geste de la part de Donald. Seul son employeur ne semblait pas emballé par le projet.

La première chose que j'ai retenue de cette expérience, c'est qu'il faut savoir lâcher prise. J'étais inquiète et j'appelais souvent à la maison. Je me demandais s'il avait pensé au biberon ou s'il laisserait le bébé devant la télévision toute la journée. Bref, j'avais des épisodes de panique non justifiés. Donald était parfaitement en contrôle. Il avait sa façon à lui d'éduquer les enfants et j'apprenais de ça. Pour être honnête, les hommes s'en font moins et ne cherchent pas à surprotéger l'enfant.

Encore aujourd'hui, cette période fait partie des meilleurs souvenirs de Donald. Il est heureux d'avoir pu démontrer à Christopher qu'il allait toujours le considérer comme sa priorité.

* * *

– Parfois, le père est malheureusement absent. La mère célibataire doit donc être sur tous les fronts pour assurer le bien-être de l'enfant. Dominique Bertrand a materné et joué au papa, et maintenant rêve de devenir grand-mère pour se reprendre. J'ai été également très touchée par l'histoire d'Anick Lemay, qui m'a fait prendre conscience de la douleur d'avoir à partager son enfant. –

Ma fille
a deux maisons

Anick Lemay – Simone et moi sommes chanceuses, car son papa est très présent. Il participe pleinement à sa vie et s'assure du meilleur pour elle. À défaut d'avoir réussi notre vie de couple, nous avons réussi notre séparation. Ça demeure malgré tout un travail de tous les instants. Depuis avril, nous alternions trois dodos chez papa et quatre dodos chez maman. Simone pleurait énormément au moment de nous quitter. Après une période d'essai de trois mois : aucun changement. J'ai alors pris rendez-vous chez un psychologue pour enfants et réussi à obtenir une date pour la fin de l'été. Mais un soir, alors qu'elle pleurait l'absence de son père, j'ai réussi à la faire parler. Simone m'a alors confié qu'elle trouvait qu'elle changeait trop rapidement de maison. Elle n'avait pas assez de temps avec chacun de ses parents. Je lui ai proposé une période de cinq jours. Elle m'a dit : « Non, une semaine maman. » Une semaine ! C'était à mon tour de pleurer. Ce n'est pas normal de ne pas voir sa fille tous les jours. Il y a de grands moments de sa vie que je perds, des éclats de rire, des grandes tristesses, des découvertes et des matins. C'est un gros deuil à faire.

Jouer au papa

Dominique Bertrand – Dans une famille monoparentale, le parent essaie de jouer les deux rôles à la fois. On essaie d'assurer notre rôle de mère en plus du volet paternel. Il faut donner l'interdit que le père est censé apporter. Le père doit également assurer une distance entre l'enfant et la mère lorsque la relation devient trop fusionnelle. J'avais tendance à être fusionnelle avec ma fille et j'en étais consciente. J'essayais justement de ne pas tomber dans ce panneau-là.

J'ai lu le livre de l'auteur François Dumesnil, *Questions de parents responsables*. À la question: Devrait-on toujours favoriser la présence d'un parent manquant?, la réponse est non. Tout le monde s'entend pour dire qu'idéalement, le père et la mère doivent être présents. Mais lorsqu'il y a présence d'un seul des deux parents responsables de l'éducation, que l'enfant est heureux et que ses besoins sont pris en compte, l'essentiel y est. Ça m'a beaucoup rassurée de lire ça.

J'ai bien avisé ma fille. Étant mère célibataire, j'ai dû me limiter dans mes élans de folie. Mais j'ai bien l'intention de me reprendre: «Quand tu auras des enfants, je te le dis tout de suite, ils vont en manger des Kit Kat dans le lit en regardant un film d'horreur avec grand-maman Dominique.» Elle m'a répondu: «Pas de problème, je vais les envoyer chez ma belle-mère.»

Un père d'expérience

Sophie Durocher – Je savais très bien quel genre de père Richard serait avec Nicolas. J'étais vraiment rassurée, car je savais que c'était un super bon papa. Pendant de nombreuses années, je l'ai vu à l'œuvre avec ses deux filles, Catherine et Élizabeth. Il est super impliqué et présent. Il aborde les choses simplement et son expérience me permet de dédramatiser les situations. Moi, c'est mon premier passage à travers ces étapes, tandis que lui en a vu d'autres. Il connaît parfaitement le rituel de la danse du bacon.

J'avais vraiment peur que la fatigue, les chicanes et tout ce que sous-entend le fait d'avoir un enfant viennent à bout de notre amour. Au contraire, ça nous a rapprochés. Je m'attendais à tout, sauf à ça. On se fait un devoir de sortir une fois par semaine au restaurant en amoureux. C'est important pour moi. Nicolas n'est jamais bien loin cependant. Il suffit de cinq minutes en tête à tête pour qu'on commence à parler de lui. Ça nous fait rire, car on tombe dans ce travers-là chaque fois. Je nous sens encore plus amoureux parce qu'on a fait un bel enfant ensemble. Richard m'a déjà dit: «Tu m'as tellement fait un beau cadeau.» Moi, je trouve que ses qualités de père me donnent une autre raison de l'aimer encore plus.

***

– Tout comme Sophie Durocher, Geneviève Guérard se fait également un devoir de décrocher de son rôle de parent pour se retrouver avec son amoureux. Chantal Lamarre, quant à elle, doit sortir les arguments forts pour convaincre son conjoint de ne pas terminer leurs vacances d'amoureux parce qu'il s'ennuie des [illegible]ants. –

Savoir cultiver l'amour

Geneviève Guérard – C'était important pour moi que mon chum veuille des enfants autant que moi. Son implication fait le poids dans le bonheur que j'ai d'être une maman. Il est aussi paternel que je suis maternelle. Il a tous les réflexes de protection, de soins et d'attention envers nos enfants. Évidemment, c'est moi qui connais la pointure des chaussures et les autres trucs du genre; par contre, il sait prendre toute la place qui lui revient et mes enfants en sont complètement fous. D'ailleurs, il m'a toujours impressionnée avec sa technique pour endormir les enfants. Il connaît la meilleure façon qui soit pour emmailloter les bébés dans leur couverture et faire en sorte que deux secondes plus tard ils dorment à poings fermés. C'est le spécialiste du dodo!

Je touche du bois chaque fois que je parle du bonheur familial, car je le sais fragile. Avoir des enfants met le couple au défi. Tu essaies de partir le matin à la hâte, tu termines les lunchs en même temps que les enfants doivent s'habiller… Dans le feu de l'action, on peut rapidement oublier de «polir» le ton qu'on utilise et ça, ça effrite une relation. Nous sommes très conscients de cette réalité et nous nous efforçons de cultiver l'amour, la politesse et la patience. On s'organise des soirées d'amoureux, rien de trop compliqué, juste quelques heures pour souper au resto. C'est vraiment important pour nous de sortir de notre rôle de parent. Et après dix ans de vie commune, nous avons décidé de nous marier. C'était très émouvant de voir nos enfants assister à ce beau moment. Durant les préparatifs du mariage, ma fille me disait: «On va se marier bientôt.»

Papa poule

Chantal Lamarre – D'instinct, je partais dans cette aventure avec quelqu'un qui s'annonçait capable et surtout qui avait le goût d'avoir des enfants. Mon chum est un père complètement engagé. Je ne suis pas laissée à moi-même pour tout planifier et tout organiser. Il faut former une équipe sinon on s'essouffle à tout faire et à voir à l'éducation, à l'achat des vêtements, aux vaccins et à tout le reste. C'est malheureusement le lot de bien des femmes qui doivent tout assumer parce ce que le travail de leur conjoint est très exigeant.

Nous sommes des parents «poules»; je pense même que mon chum l'est encore plus que moi. Pour son cinquantième anniversaire, je lui ai offert un séjour à New York. Après deux jours, il s'ennuyait déjà des enfants! «Quand on sera vieux, on partira tous les deux seuls, mais là, je m'ennuie et je veux rentrer à la maison.» J'ai dû négocier en lui rappelant que c'était son anniversaire et que la chambre était payée pour une autre nuit. J'ai finalement réussi à le convaincre en devançant l'heure de notre départ!

L'éducation

Je ne suis pas l'amie de mes enfants, mais bien leur boss.
Je suis un boss *sympathique, par contre.*

Chantal Lamarre

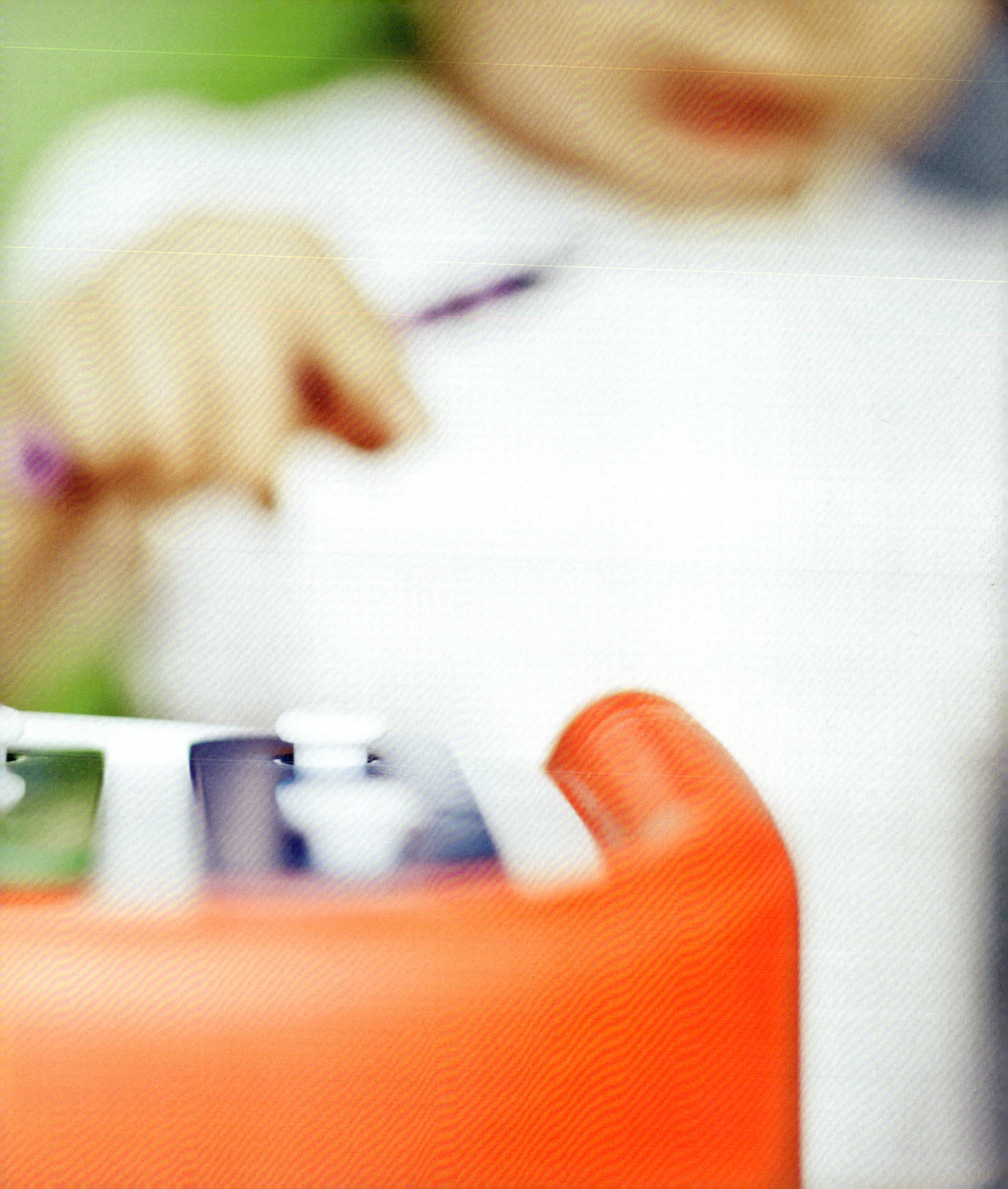

Le juste équilibre

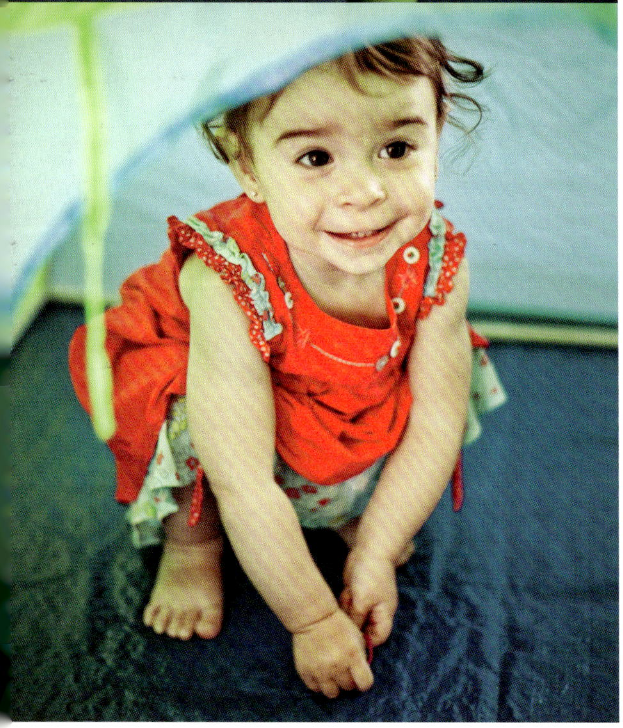

Est-ce que je stimule suffisamment ou trop mon enfant ? Suis-je trop sévère ou pas assez ? Essayer de trouver le juste équilibre en matière d'éducation apporte son lot de réflexions. Pour ma part, nous avons abordé cette question avant même que je sois enceinte d'Olivia. Il était important pour Marc et moi d'être sur la même longueur d'onde. Je sais ce que je veux inculquer à mon enfant. Le respect est au premier rang de mes priorités. Le respect de soi, des autres et de l'environnement ; le fait d'être ouvert sur le monde, de démontrer de l'empathie et de tirer parti de tout ce que ça apporte. J'espère que je réussirai à faire comprendre à mes enfants que leurs rêves sont réalisables s'ils font preuve de persévérance. Mon cheval de bataille, c'est la confiance en soi : peut-être parce que je la recherche moi-même ? J'aimerais leur donner les assises nécessaires pour qu'ils l'acquièrent. Je lis beaucoup pour comprendre toutes les étapes de leur développement et trouver des approches pour bien intervenir auprès d'eux. C'est probablement une déformation de mes études en psychoéducation. Pour le reste, je m'en remets à mon instinct. Il ne faut pas le négliger celui-là ! Avec toute l'information à notre portée, on oublie parfois son importance.

* * *

– L'éducation demande beaucoup d'énergie, de travail et d'imagination. Lorsque ma fille Olivia renouvelle sans cesse son plaisir de jeter de la nourriture par terre même après avoir épuisé mon répertoire de punition, je me dois de prendre une grande respiration avant de trouver une nouvelle stratégie. Il m'arrive de tourner les talons après une intervention et de me demander si j'adopte la bonne approche. Parfois, j'ai la réponse quelques semaines plus tard, à d'autres moments, je ne le sais simplement pas. C'est le risque d'être parent, comme le dit si bien Annie Brocoli. –

Savoir dire non

Annie Brocoli – Chaque jour, tu vis une remise en question: est-ce que je «sème» de la bonne façon? Est-ce que j'ai pris la bonne décision? Est-ce que je donne suffisamment de liberté? Les résultats ne sont pas instantanés. Au-delà de notre volonté de donner le meilleur de nous-mêmes, la marge d'erreur demeure une réalité. J'ai déjà dit à ma fille: «En ce moment, je fais des choses que tu me reprocheras peut-être plus tard. Je ne peux pas te les nommer, car je ne sais pas ce qu'elles sont encore. Le jour où tu m'en voudras pour ça, viens t'asseoir avec moi et je t'expliquerai pourquoi j'ai fait ces choix-là.»

La plus belle preuve d'amour qu'on peut donner à nos enfants, c'est de leur dire non et de leur expliquer pourquoi. Cette tendance à sous-estimer la capacité des enfants et de les juger comme des êtres en devenir me dérange énormément. Ils sont des êtres complets qui méritent des explications. Il faut également avouer nos incapacités. Il y a des moments où j'aurais dû jouer à l'extérieur avec mes enfants, mais j'en étais incapable. J'étais épuisée à cause du travail. Je me suis toutefois assurée qu'ils comprennent qu'ils n'étaient pas responsables de ma condition, et qu'une fois reposée, je serais toute à eux.

– Comme Annie Brocoli l'a mentionné, l'éducation est une remise en question quotidienne. Le défi est de s'adapter à chaque personnalité, mais également à la réalité des garçons et des filles. Selon Marie-Thérèse Fortin, la pression sociale est beaucoup plus grande chez les adolescentes. Chantal Lamarre, elle, a trouvé que l'école alternative cadrait mieux au tempérament de ses enfants. Enfin, Isabelle Racicot souhaite ardemment que les siens comprennent l'importance de l'éducation. –

L'éducation au féminin

Marie-Thérèse Fortin – Parfois, ma fille ne se trouve pas assez «ci» ou pas assez «ça». Je lui réponds toujours: «Tu es belle comme un cœur.» En même temps, je me rappelle m'être tenu un discours similaire. Nos enfants apprennent par notre entremise.

La pression sociale n'est pas du tout la même chez les garçons et chez les filles à l'adolescence. Je vois les images auxquelles les jeunes filles sont exposées, tant dans les magazines que dans les boutiques de vêtements, avec les tenues très dénudées et de mauvais goût. Parfois, j'en discute avec ma fille et elle me lance le traditionnel «Ahhh» blasé de l'adolescente. Malgré cela, je sens que le message fait son chemin. Son père lui a déjà fait une remarque sur un de ses choix vestimentaires et elle s'est empressée de le modifier sur-le-champ. Le message semble mieux passer lorsque ça vient d'un homme. Je pense que les jeunes filles prennent conscience de leurs «excès» dans le regard des autres, en l'occurrence des jeunes hommes, car elles souhaitent être prises en compte plutôt que perçues comme des objets.

La sexualité féminine est quelque chose de très «intérieur», tant sur le plan physique que psychique, et est donc diffuse. Il est très difficile d'y trouver sa place et ça m'inquiète, car on ne sera pas là, la première fois, pour lui tenir la main. On essaie de lui donner le plus d'informations possible, mais je sais qu'elle subit une certaine désinformation en raison de la pression sociale qui banalise cet aspect fondamental. C'est là qu'il faut apprendre à lâcher prise doucement pour lui permettre de faire ses propres expériences.

On appréhende
qu'ils soient comme nous

Chantal Lamarre – Je ne suis pas l'amie de mes enfants, mais bien leur *boss*. Je suis un *boss* sympathique, par contre. On apprend à nos enfants à être ouverts, civilisés et sensibles aux autres. Je veux qu'ils comprennent de quoi la vie est faite. Je prends le temps de leur expliquer les choses. Il faut apprendre la beauté aux enfants par la musique, la lecture et le plein air. J'aime partager avec eux.

Mes enfants fréquentent l'école alternative. Ce qui m'attirait dans cette formule, c'était le principe de communauté qui me semblait accueillant et qui cadrait bien avec le tempérament de mes enfants. Le programme est identique à celui du Ministère, sauf que les élèves y sont moins nombreux et que l'on demande une grande implication des parents. Ce n'est pas l'enfant qui passe l'examen pour être admis à cette école, mais bien les parents. Étant donné qu'ils organisent tout, du bazar de Noël au pique-nique, il y a un bel esprit de communauté qui se dégage lorsque les parents s'y retrouvent. Le lien s'établit facilement, puisque l'enseignant peut inviter les parents à venir passer une heure dans sa classe pour regarder leur enfant interagir avec les autres et constater ses progrès.

Ce qu'on appréhende le plus, c'est qu'ils soient comme nous. J'étais une enfant très timide. Lorsque j'ai accompagné mon garçon à sa première journée de maternelle, il est demeuré planté là avec son sac à dos sans aller vers les autres. Je pleurais dans ma voiture, même si je savais qu'il allait s'en sortir. Je me rappelais à quel point les enfants peuvent être durs entre eux. Je me suis rassurée en me disant qu'on y a tous survécu. Plus tard, lorsque je me suis promenée dans l'école et que je me suis rendu compte que plusieurs enfants le saluaient et le connaissaient, ça m'a rassurée. L'intégration s'était bien faite. On souhaite malgré tout que nos enfants prennent moins de temps que nous pour apprendre à se défendre et à s'affirmer.

La réussite scolaire

Isabelle Racicot – Je fais tout pour que mes enfants aiment l'école. J'ai fait des choix professionnels qui me permettent d'être présente à la maison pour les aider avec leurs devoirs. J'aurai l'impression d'avoir échoué avec mes enfants si je ne réussis pas à leur faire comprendre l'importance de l'éducation. Mon chum m'apprend à me maîtriser de ce côté-là, justement parce que je peux être intense quand ils reçoivent leurs résultats scolaires. Le but n'est pas d'en faire des avocats, mais bien de leur offrir une ouverture sur le monde, pour qu'ils se donnent le maximum de chances de découvrir ce qu'ils aiment.

Mon mari et moi avons grandi dans des familles avec des valeurs similaires. Nos parents étaient très croyants, on a donc hérité d'une culture plus traditionnelle. On a même choisi de ne pas habiter ensemble avant le mariage. On a vraiment fait ça à l'ancienne! Mon mari n'est pas religieux, mais il a une vie spirituelle. Tous les soirs, on propose à nos enfants de faire leur prière avant d'aller au lit, d'être reconnaissants pour la belle journée qu'ils ont passée, de demander protection pour eux et pour les gens qu'ils aiment. La gratitude est aussi une valeur importante. La dernière chose que l'on souhaite, c'est d'en faire des enfants-rois. Ils doivent apprécier ce qu'ils ont. À la maison, on ne vit pas dans l'abondance. Ils ont des jouets, mais pas en quantité démesurée. On garde le contrôle pour ne pas en faire des bébés gâtés, ce qui leur permet de comprendre la valeur de l'argent. Il est important pour nous qu'ils désirent vraiment leurs jouets avant de les obtenir.

* * *

– Le mariage entre la culture arabe et québécoise a produit deux magnifiques enfants: ceux de Lynda Thalie. Son modèle d'éducation se veut un juste équilibre entre ces deux cultures. Pour savoir où l'on va, il faut savoir d'où l'on vient. C'est d'autant plus important pour un enfant adopté. Pascale Montpetit se fait un devoir de rappeler à Clara son histoire. J'ai été très touchée de savoir qu'elle pensait également à laisser la trace de Clara pour rassurer sa mère biologique. –

Connaître son histoire

Pascale Montpetit – Le premier chapitre de sa vie, l'enfant adopté veut le connaître. Plus il a de renseignements, mieux il passera au travers. Avant même que Clara soit en âge de comprendre, je lui parlais de sa maman vietnamienne: «Après ta naissance, ta maman t'aimait beaucoup, mais elle ne pouvait pas s'occuper de toi. Elle devait être très belle parce que tu es très belle. Elle t'a amenée dans une maison avec beaucoup d'enfants et nous sommes venus te chercher.» Elle pense que c'est comme ça pour tous les enfants.

Voir Clara grandir, c'est un spectacle de tous les instants. Ça me fascine de voir à quel point elle est une machine à explorer. Elle me bombarde de questions et j'adore lui apprendre comment les choses fonctionnent. Grâce à elle, je fais des choses que je ne faisais pas auparavant. Je vais jouer au parc avec ma fille et je fais la connaissance des autres parents. Avant j'étais plutôt effacée, je ne cherchais pas la conversation. Maintenant, je veux présenter Clara aux autres pour qu'elle puisse entrer en relation avec eux. C'est important pour moi qu'elle puisse se faire un réseau et développer une bonne estime de soi.

Je pense beaucoup à la peine de cette femme qui a dû abandonner son enfant. La directrice de l'orphelinat m'a dit que lors de la fête du Têt – le Nouvel An vietnamien qui se déroule en janvier ou février –, les mères biologiques se rendent à l'orphelinat pour prendre des nouvelles de leurs enfants. J'ai donc envoyé une cinquantaine de photos de Clara ainsi qu'une lettre à sa maman biologique. Je voulais qu'elle puisse connaître la famille qui l'a accueillie.

Ouverts sur le monde

Lynda Thalie – Je parle principalement en français avec mes enfants, mais parfois je leur glisse quelques mots en arabe algérien, que j'appuie avec de grands gestes pour qu'ils en comprennent le sens. Je ne veux pas forcément que mes enfants parlent cette langue, mais au moins qu'ils la connaissent un peu. Ils m'entendent parler en arabe avec mon frère et lorsqu'on se retrouve en famille, ils assistent à la «dynamique arabe». La culture passe beaucoup par la musique à la maison. J'aime leur faire entendre ce qui se fait ailleurs.

Tout passe par le respect des parents. J'ai reçu une éducation où je ne pouvais pas contredire ma mère. Je sais que le modèle est différent ici, mais je cherche le juste équilibre entre ces deux mondes. Mon rôle est défini avec mes enfants: lorsqu'il s'agit de prendre des décisions, je suis la mère, mais à d'autres moments, nous devenons les meilleurs amis du monde. J'essaie d'établir une communication avec mes enfants. Ce n'est pas parce que je suis le parent qu'on ne peut pas argumenter avec moi. Si le raisonnement est intelligent et bien débattu, je vais comprendre. Je vois bien la différence entre mon garçon et ma fille, ce qui m'amène à intervenir différemment auprès d'eux. Mon fils doit bouger et est plutôt visuel, tandis que ma fille est intellectuelle et plus auditive. Ma préoccupation est de trouver un système scolaire qui répondra à leurs besoins et où ils tireront le meilleur parti de leur potentiel.

– Il faut parfois mettre à l'épreuve son cœur de mère pour inculquer les grandes leçons de la vie. Laurence Jalbert a dû mettre les points sur les «i» et les valises dans l'entrée… –

Au-delà des limites

Laurence Jalbert – À dix-sept ans, ma fille a dépassé les bornes. Elle m'a fait subir des choses insupportables. Pendant plusieurs mois, j'ai tenté de lui faire comprendre que si ce n'était pas moi qui le faisais, la vie ou quelqu'un d'autre se chargerait de la rappeler à l'ordre. Un soir, elle était avec un de ses supposés amis sincères. J'ai mis ses valises dans l'entrée et je lui ai dit: «Si tu crois que tout tombe du ciel et que tu peux me manquer de respect à ce point-là, pars avec ton supposé ami; il va t'aider. Mais je ne te laisserai pas mourir de faim, je ferai ton épicerie chaque semaine.»

C'était de ma faute. C'est moi qui l'avais gâtée, mais je lui demandais le respect en retour et ça faisait très longtemps qu'elle avait oublié de m'en témoigner. J'ai pleuré cette décision pendant une semaine. Je n'avais pas le choix. Même si j'ai un cœur grand comme la mer et l'océan, je tiens malgré tout au respect. Si je l'avais laissée faire, elle serait allée encore plus loin… et elle boudait déjà la réalité.

Je n'ai jamais perdu le contact avec elle. J'avais son numéro de cellulaire et je me rendais régulièrement chez elle pour lui livrer son épicerie. Elle travaillait pour payer son loyer et ses dépenses. Tranquillement, on s'est retrouvées. Il lui a quand même fallu quelques mois avant que ça lui serve une leçon et qu'elle se dise: «Ouais, elle avait raison *la mère.*» C'est la meilleure décision que j'ai prise dans ma vie à son égard. Ensuite, elle a cessé de fréquenter des gens bizarres qui lui faisaient prendre des chemins inutiles et elle a rencontré son conjoint avec qui elle ne cesse depuis de faire des bébés… à mon grand bonheur d'ailleurs!

La curiosité

Diane Lavallée – Je voulais que Laurence et Philippe voient le monde. Aussi banal que cela puisse paraître, je voulais qu'ils prennent le temps de regarder autour d'eux, de voir les arbres, d'observer les fourmis en plein travail, de porter attention aux gens qui nous entourent.

Place au bonheur

Geneviève Guérard – On suit un horaire assez strict pour l'heure des repas et du dodo. Pour nous, un enfant qui a le ventre plein et qui dort bien a beaucoup plus de plaisir à passer à travers sa journée. Nous n'adoptons pas l'approche du parent-ami, même si la notion de plaisir est bien présente dans la maison.

J'avais tendance à chanter l'alphabet à ma fille et à me faire un devoir de lui enseigner une multitude de choses. Mon chum m'a rappelé qu'il est important qu'il lui reste des choses à apprendre à l'école. La vie, ce n'est pas une performance et il faut savoir goûter au bonheur. C'est quelque chose qui s'apprend, selon nous. Le bonheur, c'est tout simple. On s'amuse beaucoup en famille, on se chatouille, on rit, on joue dehors et surtout, on prend le temps. Si je me lève par une journée grise, je m'exclame: «Quelle chance pour les arbres et le gazon!» Ça fait en sorte d'apporter du beau temps à la maison, peu importe la météo. C'est à peu près la seule chose qui est exigée chez moi.

voler de ses propres ailes

On a toujours quelque chose à se raconter.
Je sais que mon rôle de mère en est un d'écoute maintenant.

Diane Lavallée

Savoir s'adapter

On coupe le cordon à la naissance, mais on continue aussi de le faire toute notre vie pour aider nos enfants à voler de leurs propres ailes. Je me souviens d'avoir eu un petit affolement à ce sujet: Olivia n'avait que trois mois, j'anticipais qu'elle fréquente un jour la garderie et j'étais complètement bouleversée. Du calme! Je n'étais pas au bout de mes peines, ça ne faisait que commencer. J'ai compris rapidement, grâce à mes entrevues pour ce chapitre, que la vie fait habituellement bien les choses. On s'adapte, on se prend en mains, bref on y arrive

Ce chapitre aborde également la confiance qu'on doit accorder à l'adolescence pour permettre à nos enfants de gagner de l'autonomie. Et cela ne se fait pas sans inquiétudes. Lorsqu'ils quittent le nid familial, il faut savoir s'ajuster ou, pour certains, redéfinir notre vie d'adulte. Finalement, il y a aussi le plaisir d'entretenir une relation avec nos enfants désormais adultes. La nature de la relation change, mais on demeure toujours une mère.

Un amour surhumain

Dominique Bertrand – Le but premier de l'éducation d'un enfant, c'est de l'amener à quitter le nid familial. C'est éprouvant! Heureusement, la vie se charge de bien faire les choses. Lorsque tu tiens ton bébé dans tes bras, tu ne sais pas encore que le temps filera rapidement ni à quel point tu l'aimeras davantage de jour en jour. À cette étape de ta vie de parent, l'idée qu'il parte de la maison s'inscrit dans l'ordre des choses. La maternité nous demande de donner un amour surhumain, mais également d'être sans cesse séparée de cet objet d'amour: la garderie, l'école, le secondaire, le cégep et l'université... Pour ma part, j'ai dû me «parler» à chaque étape.

Ma fille et moi avons dû apprendre à vivre séparées l'une de l'autre. Ma fille était anxieuse à l'idée de me quitter pour aller dans un camp de vacances et moi j'avais peur de la laisser partir. On a trouvé des solutions ensemble pour ne pas faire déraper notre relation vers quelque chose de malsain. Aujourd'hui encore, je trouve cela difficile. Lorsqu'elle a fait son voyage humanitaire au Sénégal, j'ai inondé mon miroir de notes *Post-it* portant les dates de son périple. Chaque jour, j'en ai arraché une, comme un calendrier de l'avent, jusqu'à son retour. Heureusement que j'étais prise par les préparatifs de mon mariage! C'est pour cette raison qu'il est important de travailler et d'entretenir ses passions. L'enfant doit se sentir libre d'aller où le vent le mène. On ne peut pas lui faire porter la responsabilité de notre bonheur.

J'entrevois le jour où je passerai devant sa chambre vide après l'avoir aidée à brancher son frigo et à placer ses meubles dans son premier appartement. Je serai fière d'elle, mais je sais qu'elle me manquera. J'espère qu'elle habitera tout près de la maison!

***

– Accepter que sa fille quitte le nid est un travail de tous les instants pour Dominique Bertrand. Avec deux adolescents, Marie-Thérèse Fortin s'approche de cette étape du départ de la maison. La séparation se fait tranquillement, selon le cours normal des choses, mais ce n'est pas pour autant le moment de baisser la garde... –

Rester présent

Marie-Thérèse Fortin – La séparation commence à se faire et elle est difficile. Je réalise qu'ils ne sont plus petits et que cette séparation, elle est physique aussi. Est-ce que j'en ai assez profité, est-ce que j'ai assez donné, est-ce qu'ils ont tout ce qu'il faut pour avancer seuls, sans moi ? La réponse, c'est oui ! Il faut accepter qu'ils se cognent le nez. Le plus dur c'est de savoir qu'ils vivront leur première peine d'amour ou qu'un jour ils seront peut-être complètement désillusionnés du monde dans lequel nous vivons.

Il ne faut pas baisser la garde pendant l'adolescence. Ça leur fait du bien de savoir que nous sommes exigeants avec eux. Mon fils a dix-sept ans et nous avons aménagé un espace au sous-sol pour lui. Il gagne en liberté et en autonomie. Je lui ai toujours dit que je voulais avoir la vérité. Je peux composer avec des choses difficiles dans la mesure où elles sont vraies, mais s'il me ment, la confiance sera rompue. Il ne me dit pas tout évidemment, seulement les choses que je dois savoir. Pour moi c'est clair, dix-huit ans c'est la liberté, mais ça représente également les responsabilités qu'il faut assumer. Malgré tout, je resterai toujours présente et disponible.

J'ai moi-même quitté la maison de mes parents à dix-huit ans et ç'a été très formateur. Ma fille, elle, est très indépendante ; elle a hâte de « faire ses propres affaires ». J'ai l'impression qu'elle va quitter la maison plus rapidement que Samuel. En attendant, mon mari et moi nous retrouvons souvent seuls à la maison. Les enfants sortent régulièrement chacun de leur côté. Nous n'avions plus l'habitude de souper en tête à tête. Maintenant, on se sert un verre de vin et on profite de ce moment pour se retrouver.

– Pensez à un canard sur l'eau, paisible à première vue, mais qui pédale à toute vitesse sous l'eau. Cette image illustre bien à quel point on se montre calme devant cette nouvelle autonomie qui accompagne l'adolescence, mais qu'en même temps, on tente de gérer l'inquiétude qui vient avec. Le « canard » d'Annie Brocoli pédale fort par les temps qui courent… –

Gérer
les inquiétudes

Annie Brocoli – Il faut lâcher du lest aux enfants sinon ils s'arrangent pour en prendre eux-mêmes. C'est ce que j'essaie de faire en ce moment avec mon fils Antoine. Il est à l'étape où il part en voiture avec ses amis. Je lis évidemment les nouvelles et je ne peux pas m'enlever de la tête les nombreux accidents d'automobile dont on entend parler. Malgré cela, je joue la maman « relax » qui pose les bonnes questions et qui s'assure de lui rappeler qu'il peut compter sur moi en tout temps. « Si le conducteur du véhicule consomme de l'alcool, j'irai te chercher et je te jure que je vais t'accueillir correctement. » Parfois, je vais même jusqu'à lui suggérer d'inviter ses amis à la maison. Ma dernière stratégie, c'est de laisser de l'argent sur la table pour qu'il soit toujours libre de prendre un taxi pour le retour à la maison. C'est un travail incroyable à faire sur moi-même que de gérer cette inquiétude.

En même temps, je me surprends à garder des meubles qui pourraient lui être utiles lorsqu'il aura son premier appartement. Je suis consciente que cette réalité approche et j'imagine que le moment venu, je serai prête.

Dans le meilleur des mondes, nous pourrions nous acheter des terrains adjacents. De cette façon, il pourrait faire sa vie et moi je serais juste à côté. Je lui ai même lancé l'idée… Il m'a répondu : « Tu n'es pas sérieuse ? »

***

– Même si nous acceptons de lâcher du lest aux enfants, comme le fait Annie Brocoli, il n'en demeure pas moins que nous sommes parents à la vie et à la mort. Seule la nature de notre rôle change une fois les enfants devenus adultes. Diane Lavallée partage sa passion du métier avec sa fille et vit la fièvre du hockey avec son fils. Laurence Jalbert demeure une maman disponible pour sa fille, devenue elle aussi mère, et pour son fils à l'aube de prendre son envol. –

Les armer
contre la souffrance

Laurence Jalbert – Ma fille est accompagnante à la naissance. Ses enfants ont donné plus qu'un sens à sa vie: elle s'est découvert une facilité à apprendre et à vouloir partager ses expériences de mère, d'accouchement, d'allaitement; elle adore son métier. C'est vraiment une bonne maman. On a une belle relation. Elle me téléphone tous les jours et si elle ne m'appelle pas, je m'inquiète. On parle beaucoup et on se dit tout. Je me garde tout de même un petit «jardin»: un parent n'a pas à étendre toute sa peine devant ses enfants. Il faut évidemment leur parler de nos préoccupations et ils doivent savoir qu'elles existent, mais on ne doit pas commencer à les embarquer dans notre bateau de larmes et de sanglots. Il faut savoir les armer contre la souffrance et la douleur, sinon ils ne voleront pas très loin lorsqu'ils quitteront le nid familial.

Nathan habite toujours à la maison et va chez son père de temps en temps. Il aimerait avoir une autre guitare et une autre batterie. Bref, c'est un adolescent normal. Mon fils est bien averti cependant: à dix-neuf ou vingt ans, il doit voler de ses propres ailes. Je ne suis pas d'accord avec les parents qui surprotègent leurs enfants jusque dans la vingtaine en les gardant à la maison. Ça en fait des êtres totalement dépendants et incapables de se débrouiller. En attendant, il vient s'installer à mes côtés lorsque je cuisine et prend des notes sur mes recettes de crêpe et de sauce à spaghetti.

Être à l'écoute

Diane Lavallée – J'ai beaucoup de respect pour la jeune femme que Laurence est devenue et pour toutes les choses qu'elle a entreprises, entre autres aller vivre aux États-Unis. Laurence s'installe pour des périodes de trois mois à Los Angeles pour le travail. Ça m'impressionne à quel point elle sait se débrouiller. Nous sommes restées très proches et on se parle souvent. On aime se retrouver devant un repas ou un café pour discuter. On échange sur le travail et nos vies respectives. On a toujours quelque chose à se raconter. Je sais que mon rôle de mère en est un d'écoute maintenant. Récemment, pour le tournage d'un film, elle devait monter à cheval sans selle avec une main sur les rênes et l'autre sur la crinière. Mon cœur de mère avait hâte qu'elle passe à travers cette journée! C'est à 18 ans que Laurence a quitté la maison. Elle s'était déjà payé une voiture et elle travaillait depuis l'âge de 14 ans. Il était donc dans l'ordre des choses qu'elle prenne son envol. Elle était prête. La dynamique est différente avec mon fils Philippe. Il est beaucoup plus secret et réservé. Il vit dans un monde de «gars» que j'apprends à connaître, venant moi-même d'une famille de quatre filles. J'étais peu habituée au côté téméraire des garçons. Il a une insouciance qui me cause parfois des inquiétudes, mais je dois lui laisser la liberté nécessaire pour qu'il vive ses propres expériences. J'ai déjà l'impression qu'il ne m'appartient plus. Je tente de le conseiller de temps à autre, mais je crois qu'il aura besoin de plus de temps que sa sœur avant d'avoir la maturité nécessaire pour faire le grand saut dans sa vie d'adulte. En attendant, j'assiste à ses parties de hockey. J'ai découvert ce sport grâce à lui et je suis dans tous mes états chaque fois qu'il touche la rondelle. Imaginez lorsqu'il compte un but!

À cause d'eux...

*J'ai cessé de penser qu'il n'y avait qu'un seul nombril et que c'était le mien !
Mes enfants m'ont permis de sortir définitivement de mon égoïsme. Ils m'ont appris à vivre.*

LAURENCE JALBERT

Plus

de bonheur à gérer

J'ai gagné en force et en amour. Dès le moment où j'ai entendu son petit cœur battre dans mon ventre, j'ai été habitée d'une autre assurance. Et cette dernière s'est amplifiée après avoir mis au monde ma belle Olivia. L'accouchement m'a donné l'impression qu'il n'y avait plus rien à mon épreuve.

Une des belles surprises de la maternité est cet amour inconditionnel qui nous unit à notre enfant. Et il est beaucoup plus grand et plus puissant que je ne pouvais l'imaginer. Ma relation avec Olivia me ramène à l'essentiel, à mes valeurs et à ce que je veux réellement de la vie. Je «grandis» avec ma fille et c'est ce qui est magique. Elle ne sait pas qu'elle m'en apprend autant.

Je me reconnais dans bon nombre des transformations que vous vous apprêtez à lire, notamment celles de vouloir être à la hauteur, d'avoir le sentiment d'être une «génératrice d'amour» et d'avoir développé une grande sensibilité à l'égard de la misère, mais aussi de la beauté du monde. Il y a aussi le rythme d'une vie transformée et les racines profondes qui nous donnent le sentiment de bâtir dans la vérité.

Des racines
profondes

Laurence Jalbert – J'ai cessé de penser qu'il n'y avait qu'un seul nombril et que c'était le mien ! Mes enfants m'ont permis de me sortir définitivement de mon égoïsme. Ils m'ont appris à vivre. J'ai compris que l'ego, c'est superficiel. Le jour de mes funérailles, je voudrais que mes enfants soient comme mon frère, ma sœur et moi au moment d'organiser celles de mon père : sur le bout de leurs chaises à rire, à se taper les genoux et à se dire : des « Te rappelles-tu ? ». Bien sûr qu'on a pleuré ! Ce qu'on laisse comme héritage, cependant, ce n'est pas une maison ou une voiture, mais un sentiment d'avoir des racines profondes, de venir de quelque part ; de savoir que tes yeux verts sont de ta mère, tes cheveux de ton père et que ta façon de marcher vient de ton grand-père. Ça, c'est tellement plus important que notre petit nombril.

Être à la hauteur

Dominique Bertrand – À ma première échographie, lorsque j'ai vu battre son petit cœur, il n'y avait plus rien à mon épreuve. Ç'a été déterminant dans ma vie. À partir de ce moment, je voulais être à la hauteur, donner le meilleur de moi-même et combattre mes faiblesses. La dernière chose que je souhaitais, c'était de sentir de la déception dans le regard de mon enfant. Je ne voulais pas être parfaite, mais je voulais que ma fille sente que malgré mes imperfections, je viserais toujours quelque chose de bien pour elle.

On se découvre une capacité d'amour insoupçonnable. Ça ne diminue pas avec le temps. Ma relation avec ma fille s'est transformée avec les années. On a tissé des liens et j'ai vraiment l'impression que nous sommes en «symbiose d'esprit». Parfois, je lui ordonne, en rigolant, d'arrêter d'entrer dans mon cerveau. La maternité, ça bonifie, je me suis bâtie grâce à elle.

Une lionne

Marie-Thérèse Fortin – Si je n'avais pas eu d'enfants, je serais vraiment passée à côté de quelque chose qui m'est fondamental. Comme un casse-tête avec un morceau manquant. Je pense que j'aurais été une demoiselle triste. Les enfants m'ont procuré de la vitalité, de la joie et de l'amour inconditionnel. À leur naissance, j'ai clairement senti qu'il y avait quelque chose qui s'affermissait en moi. Comme une lionne qui se réveille avec un instinct profond de protection et de combativité. Je me sentais en pleine possession de mes moyens. Je viens d'une famille de dix enfants, donc j'ai eu une mère très maternante. Je pense que cela influence aussi le genre de mère que je suis.

Savoir profiter de la vie

Chantal Lamarre – La maternité, ça ne change pas la personne que je suis, ça change complètement la vie et comment je l'organise. Mes enfants me permettent de remettre constamment tout en question.

La vie est plus belle parce qu'on porte attention à un ensemble de petits détails. Pas question de rester cinquante ans en réunion, la vie nous attend quelque part et les enfants sont là pour nous le rappeler.

Génératrice d'amour

Pascale Montpetit – Je ne pensais pas que je possédais une «génératrice d'amour» de cette envergure. Je pensais que j'avais un litre d'amour à donner par jour et qu'il me fallait refaire le plein durant la nuit. J'ai vite constaté qu'il était plutôt illimité. Au début, j'ai cru que je vivais une lune de miel. Après quelques années et plusieurs nuits d'insomnie, je vous confirme que ma génératrice est toujours gonflée à bloc. Au grand bonheur de Clara.

Je le dis vraiment de façon très naïve, mais je suis fière de moi. Je me trouve belle et je juge être une bonne maman. Je m'écoute et je me trouve très sincère. Ce n'est pas une campagne électorale, je vous assure, et puis de toute façon je n'ai rien à vendre. Je me surprends vraiment à parler comme ça. Parler d'un amour absolu, illimité, perpétuel, c'est louche!

Grandir

Annie Brocoli – C'est moi qui les ai tricotés ! Quelle fierté ! Avoir des enfants, ça faisait partie d'un grand rêve qui s'avère aujourd'hui à la hauteur de ce que j'imaginais alors. J'étais loin de me douter que ça m'apporterait autant. Vivre un amour inconditionnel, ça nourrit ! Quand quelqu'un d'autre devient plus important que toi, tu apprends à travailler sur toi-même. Je n'ai jamais autant «grandi» en tant qu'être humain que dans ma vie avec mes enfants. Je devais faire preuve de cohérence dans l'éducation que je voulais leur transmettre et je l'ai fait par l'exemple. Il faut apprendre à se contrôler même dans les moments de colère. Ça mène à un beau dépassement de soi.

***

– En devenant maman, j'ai vraiment pris conscience de tout ce que mes parents avaient fait pour moi. Pour Isabelle Racicot, la maternité lui a fait prendre conscience du grand geste d'amour de sa maman biologique. –

Au-delà
du lien de sang

Isabelle Racicot – La maternité m'a amenée à me questionner sur qui j'étais. Avec le regard que mes enfants posent sur moi, j'y suis sans cesse confrontée. Je travaille continuellement pour tenter de m'améliorer.

La maternité m'a également permis d'apprécier davantage le geste que ma mère biologique a fait. Déjà, je lui étais reconnaissante de ne pas avoir choisi l'avortement. Après avoir vécu l'expérience de la grossesse et de l'accouchement, j'ai réalisé la grandeur de son geste : celui d'être capable de se détacher d'un enfant pour assurer son bonheur. Durant mes deux grossesses, j'ai eu des moments de culpabilité en me disant que j'aurais peut-être dû adopter pour permettre à un enfant d'avoir la chance que j'ai eue. Si j'ai un troisième enfant, il est clair pour moi que nous adopterons. J'ai aussi réalisé que nous surestimons le lien de sang. Mes parents m'ont aimée tout autant que j'aime mes enfants. À partir du moment où tu es présent pour les écouter, les consoler, les aimer et les éduquer, tu es un parent. C'est beaucoup plus que de mettre un enfant au monde ; c'est ce que j'ai compris avec la maternité.

Ma raison de vivre

Mélissa Désormeaux-Poulin – Accoucher, c'est une grande épreuve. Lorsque tu passes au travers, tu gagnes en force et en confiance. J'ai vraiment l'impression que cette expérience a repoussé mes limites. Je me sens désormais capable de grandes choses. J'aime sentir que je ne suis plus la personne la plus importante, mais que c'est ma fille. Léa est ma raison de vivre et c'est un sentiment réellement puissant. Ma perspective à l'égard du travail et de la vie en général a changé maintenant que je dois expliquer le monde qui nous entoure à mon enfant. Ça me fait revisiter ma perception des choses étant donné que les enfants posent un regard nouveau, sans jugement, sur la réalité. Je n'ai plus l'impression de jouer ma vie lorsque je travaille. C'est un lâcher-prise fort intéressant qui t'amène rapidement à passer à autre chose après une journée de travail, puisqu'il y a quelqu'un qui t'attend à la maison et qui ne souhaite qu'une chose : jouer à cache-cache avec toi.

Gérer une grande sensibilité

Geneviève Guérard – J'étais sensible avant d'avoir des enfants, mais maintenant, ça devient presque un problème. Je suis encore plus touchée par tout ce qui m'entoure. Même si je m'intéresse à l'actualité, je dois doser ma consommation de nouvelles. Cette difficulté d'encaisser la misère humaine devient même physique. Je suis sensible aux enfants, mais aussi à tout ce qui touche l'être humain. Je suis sensible à notre fragilité, à la stupidité et à notre finalité. Heureusement, je suis également émotive devant la beauté du monde. Comme lorsque mon fils et ma fille courent l'un vers l'autre pour se donner un câlin avant le départ de l'école. La scène est assez puissante pour me rappeler que la vie est belle.

Le rythme
d'une vie

Diane Lavallée – Il est difficile d'imaginer ma vie sans enfants. Ça transforme le rythme d'une vie. Il ne dort pas, tu ne dors pas. Pendant qu'il dort, tu vas prendre ta douche. Il se réveille pendant que tu es dans la douche alors tu remets ça à plus tard. Tu n'es plus importante, mais ton enfant l'est. On fait tellement de choses dans une journée ! Je me suis souvent demandé ce que je faisais avant d'avoir des enfants.

Notre esprit est constamment occupé, soit par la surveillance qu'on doit assurer, soit par la planification des repas ou des activités. Mais c'est tellement stimulant de les voir grandir et se transformer. J'avoue avoir également découvert l'impatience. J'en souffrais déjà pour certaines choses, mais il n'y a rien de tel qu'un enfant pour te mettre dans tous tes états !

Les **petites** questions

La première fois que je me suis sentie une maman

Une maman pour moi, c'est

Je craque chaque fois que

Un jour, ma fille m'a dit

Un jour, mon fils m'a dit

DOMINIQUE BERTRAND
animatrice et auteure

Maman de Rosemarie, née en mars 1990.

La première fois que je me suis sentie une maman…
À la première échographie de ma fille. J'étais une mère et j'avais quelque chose à protéger.

Une maman, pour moi, c'est…
Aimant.

Je craque chaque fois que…
Mille fois par jour. J'aime la regarder à son insu. Je découvre ses petites habitudes, ses petites manies.

Un jour, ma fille m'a dit…
« Merci. »

Ma plus grande fierté, c'est…
Ma fille, elle est intelligente, drôle et elle a de l'esprit.

Je vais réussir comme maman le jour où…
Lorsque ma fille se sentira prête à faire sa vie et à quitter la maison. Je vais pleurer dans la salle de bain, mais j'aurai réussi puisque c'est ce que je visais avec son éducation.

ANNIE BROCOLI
animatrice

Maman d'Antoine,
né en mars 1995
et de Marie-Jeanne,
née en janvier 1997.

MAUDE CHAUVIN
photographe

Future maman.

La première fois que je me suis sentie une maman…
Enceinte de cinq semaines, j'avais déjà quelque chose à protéger de tellement important. Tu changes ton alimentation et tu fais attention aux activités que tu pratiques.

Une maman, pour moi, c'est…
Réconfortant et accueillant. Une maman accueille dans n'importe quelle circonstance.

Je craque chaque fois que…
Ils respirent. C'est vraiment ridicule ! Je craque tout le temps. Il ne faut pas que mes enfants fassent un spectacle. Ça me prend une éternité à m'en remettre. Je pleure tellement.

Un jour, ma fille m'a dit…
« Maman garde tes vêtements, pour quand je vais être grande. » Elle avait trois ou quatre ans.

Un jour, mon fils m'a dit…
C'était lors des événements du 11 septembre 2001. À six ans, Antoine m'a dit : « Est-ce que tu peux aller chanter pour les enfants à New York ? »

Ma plus grande fierté, c'est…
De voir à quel point mes enfants sont respectueux et aimants, avec une grande conscience des autres. Je sais que j'ai fait des erreurs, mais j'ai le sentiment de récolter quelque chose de bien et de beau aujourd'hui.

Je vais réussir comme maman le jour où…
J'ai déjà ce sentiment-là. J'ai été témoin d'une conversation entre mon fils et ses amis et j'étais vraiment fière de ce que j'ai entendu. De plus, je trouve qu'il sait choisir ses amis.

Je me sentirai une maman la première fois que…
Je tiendrai mon enfant dans mes bras.

Une maman, pour moi, c'est…
La personne qui t'aimera le plus au monde.

Me connaissant, je craquerai chaque fois que…
Mon enfant rira.

Un jour, j'aimerais entendre mon enfant dire…
« La vie est belle ! »

Ma plus grande fierté serait…
De le voir épanoui et heureux.

J'aurai l'impression de réussir comme maman le jour où…
Mon enfant se construira une vie à son image.

MÉLISSA DÉSORMEAUX-POULIN
comédienne

Maman de Léa,
née en avril 2006.

SOPHIE DUROCHER
animatrice

Maman de Nicolas,
né en mars 2008.

La première fois que je me suis sentie une maman…
La première fois que j'ai allaité, quelques minutes après l'accouchement. J'étais la seule qui pouvait faire ça pour mon enfant. Il y a aussi le regard des autres, qui te voient comme une maman.

Une maman, pour moi, c'est…
Quelqu'un sur qui on peut toujours compter. C'est l'amour, c'est rassurant et c'est le plus grand rôle de ma vie.

Je craque chaque fois que…
Léa rit aux éclats.

Un jour, ma fille m'a dit…
— Maman, j'aimerais tellement ça être une goutte de pluie.
— Pourquoi ?
— Parce que c'est transparent et que tu peux aller partout dans le monde.

Lorsque j'ai expliqué la mort de mon père à Léa, je lui ai dit qu'il était dans le ciel et que son âme nous avait quittés. Léa est allée à l'extérieur et elle a crié vers le ciel : « Salut Papy ! » Quel beau moment !

Ma plus grande fierté, c'est…
De la voir grandir tous les jours, de l'éduquer, de voir ses premiers pas et d'être présente pour elle.

Je vais réussir comme maman le jour où…
Léa va quitter la maison pour aller vers quelque chose qui lui parle vraiment. Qu'elle aura des passions et qu'elle sera ouverte sur le monde.

La première fois que je me suis sentie une maman…
Lorsque j'ai essayé ma première robe de maternité avec la fausse « bedaine » que l'on retrouve dans les cabines d'essayage. Je me suis mise à pleurer en me voyant dans le miroir. Ma grossesse devenait concrète.

Une maman, pour moi, c'est…
L'amour inconditionnel. Nicolas peut faire une crise qui me donne le goût de péter les plombs et la seconde d'après, j'ai juste envie de le serrer dans mes bras.

Je craque chaque fois que…
Nicolas chante. Non seulement il aime chanter, mais il chante bien.

Un jour, mon fils m'a dit…
« Je t'aime. »

Ma plus grande fierté, c'est…
Nicolas est autonome, il est capable de jouer seul et il a confiance en lui.

Je vais réussir comme maman le jour où…
Il partira en appartement et qu'il m'appellera pour me partager ce qu'il vit. Non pas parce que je suis sa mère, mais parce qu'il me considère comme importante dans sa vie.

MARIE-THÉRÈSE FORTIN
comédienne et directrice artistique du Théâtre d'Aujourd'hui

Maman de Samuel, né en janvier 1994 et d'Emma, née en avril 1997.

La première fois que je me suis sentie une maman...
Lorsque j'ai allaité. C'est fort l'instinct animal, il s'est mis à boire comme s'il savait ce qu'il avait à faire. C'est vraiment une sensation incroyable. Et c'est moi qui lui procurait ça.

Une maman, pour moi, c'est...
Un refuge, un pilier.

Je craque chaque fois que...
Mes enfants me prennent dans leurs bras. Aussi, lorsque je revois des photos d'eux tout petits. En fait, je craque chaque fois que je vois un bébé avec de gros pieds potelés qui dépassent de la poussette. Ça m'attendrit terriblement.

Un jour, ma fille m'a dit...
J'étais en pleine application de mon cache-cerne et elle m'a dit: «Qu'est-ce que tu fais de ta beauté intérieure?»

Un jour, mon fils m'a dit...
«Je t'aime.» Il le dit abondamment, même s'il a dix-sept ans.

Ma plus grande fierté, c'est...
Eux, je suis assez fière de leur façon d'être.

Je vais réussir comme maman le jour où...
Ils n'auront vraiment plus besoin de moi et qu'ils auront atteint leur pleine autonomie.

GENEVIÈVE GUÉRARD
animatrice

Maman de Juliette, née en septembre 2004 et de Raphaël, né en janvier 2008.

La première fois que je me suis sentie une maman...
La première fois que j'ai allaité. C'était un lien indescriptible.

Une maman, pour moi, c'est...
Beaucoup plus un rôle constant qu'un «titre». Il y a des mères biologiques qui n'ont pas materné leurs enfants. Une maman, c'est quelqu'un qui gardera en tête les besoins de l'enfant: le protéger, l'aimer, le nourrir, l'encadrer et le soutenir.

Je craque chaque fois que...
Je craque des milliers de fois par jour. Je me rappelle les premières histoires que mes enfants m'ont racontées, en utilisant les mots qu'ils avaient à leur portée.

Un jour, ma fille m'a dit...
On se promenait sous un parapluie: «Maman, la pluie c'est comme de la peine.»

Un jour, mon fils m'a dit...
En route vers le chalet, je me suis retournée et j'ai dit à mes enfants que je les aimais. Mon fils m'a répondu avec un petit sourire: «Moi c'est papa que j'aime.»

Ma plus grande fierté, c'est...
Ma famille, bien entendu. Mais également d'avoir la capacité de reconnaître toute ma chance. Je ne tiens rien pour acquis et, surtout, je suis bourrée de gratitude envers la vie.

Je vais réussir comme maman le jour où...
J'ai déjà ce sentiment. Lorsque Juliette a fait son entrée à la maternelle, elle a su faire son chemin. Ce n'est pas de faire en sorte que mes enfants viennent vers moi, mais plutôt qu'ils s'ouvrent au monde.

LAURENCE JALBERT
auteure – compositrice – interprète

Maman de Jessie,
née en février 1983
et de Nathan,
né en octobre 1995.

CHANTAL LAMARRE
animatrice

Maman d'Agathe,
née en janvier 2003
et de Timothé,
né en décembre 2004.

La première fois que je me suis sentie une maman…
L'accouchement de ma fille s'est fait par césarienne. Ils l'ont placée à mes côtés, elle faisait presque quatre kilos (neuf livres), elle était toute grosse et joufflue. Je l'ai appelée par son nom : « Jessie, c'est maman. » Sa petite tête s'est tournée tranquillement vers moi et elle m'a regardée carrément dans les yeux. Cette image est incrustée dans mes cellules.

Une maman, pour moi, c'est…
Un amour inconditionnel à la vie à la mort. Une maman, c'est toujours là sans aucune condition, ça laisse le téléphone à côté du lit chaque nuit. Une maman a toujours les bras et le cœur ouverts.

Je craque chaque fois que…
Mes petits-enfants me laissent des messages sur ma boîte vocale.

Un jour, ma fille m'a dit…
« Ze veux pas laisser mes zamis, ze veux pas partir. » Ç'a changé ma vie. J'ai décidé de ne pas faire carrière en Europe et c'est très bien ainsi.

Un jour, mon fils m'a dit…
Après 27 jours d'absence, je lui ai parlé au téléphone et il m'a dit : « Ze veux plus te parler, ze veux te voir. » J'ai tellement pleuré !

Ma plus grande fierté, c'est…
J'ai fait des albums que j'adore, j'ai vécu des histoires de spectacles incroyables, j'ai fait de beaux voyages et de grandes rencontres, mais ma plus grande fierté, ça demeure mes enfants, sans aucun doute.

Je vais réussir comme maman le jour où…
Mon fils aura des enfants. Ce sera un bon père, j'en suis convaincue.

La première fois que je me suis sentie une maman…
Déjà très jeune, j'avais quelque chose d'hyperprotecteur et de maternel ; je m'inquiétais toujours pour mon frère. À la naissance de ma sœur, j'avais huit ans et j'ai annoncé à ma mère : « Bon, il va falloir que tu appelles l'école, je n'irai pas. Je vais m'occuper du bébé. »

Une maman, pour moi, c'est…
Quelqu'un sur qui tu peux complètement compter et en qui tu peux avoir confiance. Il faut que ta mère soit capable de t'extirper de la méchanceté du monde.

Je craque chaque fois que…
Tous les matins quand ils se réveillent et que je les vois descendre l'escalier.

Un jour, mon fils m'a dit…
Il était dans son lit et m'a dit : « Maman ! J'ai deux choses à te dire. La première, j'ai froid aux pieds et la deuxième, je t'aime. » Tous les jours, mes enfants me disent quelque chose de touchant ou de drôle.

Un jour, ma fille m'a fait…
La plus belle chose au monde, un acrostiche. Elle a écrit **C…** comme dans toutes choses, elle est bonne, **H…** comme hilarante en toute chose et **L…** comme la meilleure maman de toutes les mamans du monde. Je l'ai mis à côté de mon lit.

Ma plus grande fierté, c'est…
Lorsque je vois mes enfants bien réagir dans le monde. Je suis très fière quand on me dit que mes enfants sont calmes et bien élevés.

Je vais réussir comme maman le jour où…
Ils me le diront.

DIANE LAVALLÉE
comédienne

Maman de Laurence, née en décembre 1985 et de Philippe, né en août 1997.

La première fois que je me suis sentie une maman…
La première fois que j'ai allaité.

Une maman, pour moi, c'est…
Lorsque les enfants sont jeunes, c'est une référence, une mère nourricière. Lorsqu'ils ont atteint l'âge adulte, ça prend un autre sens. Il faut être à l'écoute et leur faire sentir qu'ils peuvent compter sur toi.

Je craque chaque fois que…
Chaque fois que je vois Laurence jouer.
Chaque fois que je vois mon fils jouer au hockey.

Un jour, ma fille m'a dit…
On avait une discussion concernant des vols dans le quartier et Laurence était prête à les accueillir: «Si un voleur vient dans la maison, je vais lui lancer une tarte au visage.»

Un jour, mon fils m'a dit…
«Je t'aime.» Ça me touche chaque fois.

Ma plus grande fierté, c'est…
Mes deux enfants.

Je vais réussir comme maman le jour où…
Le fait de voir mes enfants heureux et en santé est déjà une preuve de réussite.

ANICK LEMAY
comédienne

Maman d'Anna Simone Tougas, née en octobre 2006.

La première fois que je me suis sentie une maman…
Quand ma fille me donnait des petits coups de pied dans le ventre.

Une maman, pour moi, c'est…
De l'amour, de la chaleur, du réconfort, du temps qui passe.

Je craque chaque fois que…
Simone rit fort de tout cœur ou, pour le côté plus négatif, quand elle hurle. C'est insupportable!

Un jour, ma fille m'a dit…
«C'est trop dur la vie maman.» Je suis partie à rire. Elle avait trois ans.

Ma plus grande fierté, c'est…
D'avoir réussi ma séparation et que Simone n'en soit pas trop touchée.

Je vais réussir comme maman le jour où…
Je réussis tous les jours.

PASCALE MONTPETIT
comédienne

Maman de Clara,
née en décembre 2008,
adoptée en avril 2009.

La première fois que je me suis sentie une maman…
La première fois que j'ai pris Clara dans mes bras. Je ne m'attendais pas à autant d'émotions. C'est une sensation plus intense que les grandes histoires d'amour.

Une maman, pour moi, c'est…
Un océan de tendresse. Pour moi, la tendresse c'est plus fort que l'amour.

Je craque chaque fois que…
Clara éclate de rire. Elle a un timbre de voix particulier, c'est sa signature. Et quand elle s'agrippe après moi comme un petit singe capucin. Pour moi, le message est clair: tu es ma maman.

Un jour, ma fille m'a dit…
« T'aime »

Ma plus grande fierté, c'est…
Je n'ai aucune hésitation à dire que je suis capable d'en prendre avec Clara. J'ai des fragilités ailleurs, mais pas avec elle.

Je vais réussir comme maman le jour où…
À sa première journée d'école. Je veux qu'elle se sente en confiance. Je ne serai pas loin, cachée derrière un arbre pour m'assurer que tout se passe bien.

ISABELLE RACICOT
animatrice

Maman de Christopher,
né en juillet 2003 et de
Justin, né en août 2006.

La première fois que je me suis sentie une maman…
La première fois que je l'ai senti bouger dans mon ventre. Je vais m'en souvenir toute ma vie. J'étais dans ma chambre à choisir mes vêtements dans ma garde-robe quand j'ai senti son premier coup de pied.

Une maman, pour moi, c'est…
Celle qui aime inconditionnellement. Elle répond aux besoins, encourage, pousse l'enfant à se dépasser. Une maman aide son enfant à la quitter un jour. À les voir manger, je prévois qu'à 18 ans je pourrai les voir prendre le chemin de l'autonomie.

Je craque chaque fois que…
Mes enfants me demandent un câlin et me disent: « Je t'aime ». Chaque fois, je leur donnerais la lune. (Chut, ils ne sont pas au courant!)

Un jour, Christopher m'a dit…
« Maman, je suis enceinte comme toi. » Il était vraiment mignon avec son coussin en guise de bedaine!

Un jour, Justin m'a dit…
« Un jour, maman, je vais m'occuper de toi. » On était en croisière avec sa grand-mère et il voyait que mon mari prenait soin de sa mère.

Ma plus grande fierté, c'est…
Mes enfants sont respectueux des autres et je vois qu'ils ont beaucoup d'empathie. Tranquillement, ils deviennent des êtres humains qui, je l'espère, seront aimants et à l'écoute des autres.

Je vais réussir comme maman le jour où…
Ils auront fini l'école et quitté la maison. J'espère que je vais avoir des enfants reconnaissants qui auront envie de m'appeler et de prendre de mes nouvelles.

KARINE ROBERT
animatrice

Maman d'Olivia,
née en février 2010.

LYNDA THALIE
auteure – compositrice – interprète

Maman de Dahlia
et de Liam,
nés en décembre 2007.

La première fois que je me suis sentie une maman…
La première fois que j'ai allaité. Je venais tout juste d'accoucher et déjà je pouvais répondre à un besoin qui relève de l'instinct animal. C'était vraiment magique !

Une maman, pour moi, c'est…
De l'amour inconditionnel et un pilier sur qui tu peux compter jour et nuit.

Je craque chaque fois que…
Olivia rit aux éclats, à chaque câlin qu'elle me donne et lorsqu'elle me regarde avec ses grands yeux émerveillés, l'air de me dire : « Regarde maman comme c'est beau. »

Un jour, ma fille m'a dit…
« Ah wow ! » C'est le premier mot qu'elle a appris après « maman » et « papa ». J'espère qu'elle gardera toujours cet émerveillement à l'égard de la vie.

Ma plus grande fierté, c'est…
De la voir grandir et d'être là pour elle. Je passe beaucoup de temps avec Olivia et je savoure chaque instant.

Je vais réussir comme maman le jour où…
Mes enfants auront quitté la maison, qu'ils se consacreront à quelque chose qui les passionne et qu'ils prendront plaisir à revenir à la maison pour nous voir.

La première fois que je me suis sentie une maman…
Quand j'ai pu allaiter mes deux enfants en même temps.

Une maman, pour moi, c'est…
Une alliée, une inspiration, un encouragement, une personne qui nous donne des ailes et un amour inconditionnel.

Je craque chaque fois que…
J'entends rire mes enfants, l'un avec l'autre. Ça n'a juste pas de prix.

Un jour, ma fille m'a dit…
« Maman, je comprends. » J'ai vraiment l'impression qu'elle me comprend.

Un jour, mon fils m'a dit…
« Il faut que je grandisse, maman, je ne peux pas rester petit. Un jour, je vais partir. » Ça m'a fait un coup au cœur.

Ma plus grande fierté, c'est…
Mes enfants.

Je vais réussir comme maman le jour où…
Ils auront confiance en eux.

Remerciements

Un projet de livre comme celui-ci demande tout d'abord qu'on y croie et qu'on s'y consacre. Ce projet, Karine Robert l'a imaginé, l'a soutenu et a investi l'énergie et le travail nécessaires à sa naissance. Alors, un immense merci à toi, Karine. Merci d'être venue frapper à ma porte pour m'inviter à y prendre part. Merci pour la grande place que tu m'as donnée, pour la liberté artistique que tu m'as accordée et pour ta confiance. Tu es une maman inspirante!

Merci aussi à notre belle équipe photo. Merci à Amélie pour son talent, merci à Loup de nous avoir donné le ton et merci à Andrée d'avoir été présente. Merci aussi à Christine d'avoir su en faire un livre magnifique et à Erwan, notre éditeur, d'avoir cru au projet.

Évidemment, un immense merci à vous, les mamans. Merci de nous avoir ouvert avec tant de générosité vos portes. Vous avez partagé votre intimité et nous en avons tiré des images magiques où l'on ressent l'authenticité des moments partagés avec vos enfants.

Maude Chauvin

Aux treize femmes qui ont accepté de participer à ce projet, merci pour votre confiance et surtout de m'avoir ouvert votre cœur de maman. Vous m'avez fait pleurer, rire et grandement réfléchir.

Maude Chauvin, merci pour ton immense talent, ton calme, ta franchise et ta qualité de cœur exceptionnelle. C'est un bonheur de tous les instants de travailler avec toi.

Amélie Bruneau Longpré, merci pour ta touche magique de maquilleuse et de coiffeuse, mais également pour ta disponibilité, ta bonne humeur et tout ce qui compose ta belle personnalité.

Loup, notre plus jeune recrue. Merci de nous avoir honorés de ta présence et de tes gazous.

Pia Roy, merci d'avoir accepté le défi.

À toute l'équipe des Éditions de l'Homme, un immense merci pour votre dévouement. Merci à Charlotte de Celles, à Sylvie Archambault, à Sylvie Tremblay et à Laurence Hurtel.

Erwan Leseul, merci d'avoir cru en cette idée. Merci pour ton expertise, ta sensibilité et ta rigueur. J'ai apprécié chaque moment de cette aventure.

Christine Hébert, merci pour ton grand talent, ton efficacité et ta grande douceur. Tu as été une référence importante pour moi. Merci pour tous tes petits réconforts.

Christine Michaud, merci pour tes conseils et d'avoir mis sur ma route Erwan Leseul.

Josélito Michaud, notre dernière rencontre fut brève, mais ô combien riche! Merci pour tes conseils.

Valérie Lessard, j'ai beaucoup d'admiration pour la femme et l'auteure que tu es. Merci de m'avoir aiguillée au début de cette aventure.

Mélanie Leblanc, merci d'avoir pris le temps de me lire. Tu n'as pas idée à quel point tu m'as donné des ailes.

Julie Perreault, merci pour le bout de chemin qu'on a parcouru ensemble.

Diane Frenette, tu es toujours disponible pour m'aider, merci pour ton soutien et pour la transcription des textes.

Marc Bélanger, c'est assurément grâce à toi que j'ai écrit ce livre. Tu as tout de suite cru à mon idée et jamais tu ne m'as permis de douter. Ton enthousiasme à me seconder dans ce projet a contribué au bonheur que j'ai eu de le faire. Tu as été mon premier lecteur, celui qui m'a donné confiance et celui qui a mis les bouchées doubles à la maison. On est capable de grandes choses par amour. Merci de cette belle démonstration.

Karine Robert

Achevé d'imprimer au Canada.